AF389857

Recueil des Oiseaux etrangers de Catesby et Edwards.
Tome IV.

CVM PRIV
SAC CAES MAIESTATIS
Catesby and Edward
Samlung seltener Vögel
Tom IV
I. C. de Majr del. et sculp.

RECUEIL

DE

DIVERS

OISEAUX

ETRANGERS ET PEU COMMUNS

QUI SE TROUVENT

DANS LES OUVRAGES

DE MESSIEURS

EDWARDS ET CATESBY

REPRESENTÉS EN TAILLE DOUCE

ET EXACTEMENT COLORIÉS

PAR

JEAN MICHEL SELIGMANN.

Septiéme Partie.

A NUREMBERG,

Chez les Heritiers de Seligmann.

1774

G. Edwards ad viv. delin.   J. M. Seligmann excudit.   Joh. Sebast. Leitner sculps.
                                   Cum Priv. Sac. Caes. Majestatis.

Aquila aurita, s. coronata   N⁰. 1. VII.ᵗᵉʳ Theil.   L' Aigle Huppé.
Guineensis.

TAB. I.

L' AIGLE HUPPÉ.

Cet Oiseau est environ d' un tiers plus petit que les plus grands Aigles qui se voyent en Europe, mais il paroit fort et hardi comme les autres Aigles.

Le Bec, avec la peau qui couvre le haut de la machoire supérieure, et où les naseaux sont placés, est d' un brun obscur; les coins de l' ouverture en sont fendus assez avant jusque sous les yeux, et sont jaunâtres; les cercles d' autour des yeux et la gorge, sont couverts de plumes blanches, parsemés de petites taches noires. Le derriére du cou et de la téte, le dos et les ailes sont d' un brun foncé tirant sur le noir, mais les bords exteriéurs de plumes sont d' un brun clair. Les pennes *) sont plus foncées que les autres plumes des ailes: les côtés des ailes vers le haut, et les extrémités de quelques unes des plus petites plumes de couverture sont blancs. La queuë est d' un gris foncé croisée des barres noires, et le dessous en paroit être d' un gris de cendre foncé et clair: l' estomach est d' un canelle vif, avec de grandes taches noires horizontales sur les cotés: le ventre est blanc aussi-bien que les plumes de couverture du dessous de la queuë, le tout marqueté de noir. Les cuisses et les jambes jusqu' aux serres sont couvertes de plumes blanches admirablement bien marquetées de rondes taches noires: les serres sont très fortes: les doigts en sont couverts d' écailles d' un couleur d' orange vif, et les ongles sont noirs. Il eleve les plumes du derriére de sa téte en forme de créte ou de huppe, d' ou il tire son nom.

Je rencontrai cet oiseau en viè, à la foire de la S. Barthelemi, à Londres en 1752, où je le dessinai: il venoit, des côtes d' Afrique, à ce que me dit son maitre, et je le crois, cela m' aiant été confirmé depuis par M. Penwold, qui demeure à Londres, dans un endroit appellé Garlick-hill, chez qui j' en ai vû deux de cette méme espéce exactement, qui venoient de la côte de Guinée. Barbot parle dans sa description de Guinée **) d' un oiseau qu' il appelle l' Aigle Couronné. Voici le peu qu' il en dit: „les Aigles „n' y manquent pas, et ils ne sont pas différents de ceux qu' on a en Europe; cepen„dant il y en a quelques uns qui ne sont pas, tout-a-fait de méme. L' empreinte en „représente un de cette derniére espéce, qui se trouve rarement ailleurs que dans la „Provence d' Acra, ou l' on l' appelle l' Aigle couronné.„ On ne peut rien conclurre de ce que dit Barbot touchant cet oiseau, à moins que d' avoir recours à la figure qu' il en donne, qui a la créte relevée sur la téte, d' une maniere très peu différente de celle dont elle est exprimée dans ma figure: celle de Barbot est très grossiére et très inexacte, n' ayant ni marques ni taches. Astley a copié dans son Recueil de Voyages la figure et la description de Barbot: ***) mais comme on ne retire presqu' aucun avantage de l' une et de l' autre pour la connoissance de cet oiseau, je le considére comme un oiseau qui n' avoit point encore été dessiné ni décrit.

TAB.

*) *Pennes* est un terme de fauconnerie pour exprimer les grandes plumes des ailes des oiseaux de proye, je m' en servirai dans la suite, pour eviter la circonlocution, en parlant de tous les autres oiseaux.
**) Imprimée à Londres. 1746. fol. V. p. 218.
***) Astley's Collection etc. tom. II. p. 722.

Le FAUCON BLEU, et le petit LEZART BRUN.

Ce Faucon eſt réduit dans la figure à un peu moins de la moitié de ſa groſſeur: ſes ailes étant fermées avoient treize pouces de long, au lieu que dans la figure elles n' en ont guere que ſix: les autres parties ſont reduites de méme à proportion; ainſi il eſt aiſé de calculer la grandeur naturelle de l' oiſeau, qui paroiſſoit étre de la groſſeur d' une corneille ordinaire. Pour ce qui eſt du Lezard, il eſt repreſenté de ſa grandeur naturelle. Ils ont été gravés tous deux ſur la planche immédiatement d' aprés nature.

Ce Faucon eſt d'une taille mince et dégagée comme l' epervier: il a les jambes longues et menuës tout au rebours de la plûpart des oiſeaux du genre Faucon, qui ont l'air robuſte, et quelque choſe de l'aigle dans leur maintien; ainſi il faut le ranger dans la claſſe des Faucons à longues ailes: il a le bec noir, un peu godronné par les bords de la machoire ſupérieure ſans étre dentelé. Les naſeaux ſont placés dans une peau blanchâtre, qui couvre la baſe de la partie ſupérieure du bec: les iris des yeux ſont orange: la peau des angles de l' ouverture du bec eſt jaune, auſſi-bien que les paupiéres: la téte, le cou, le dos, une partie des ailes et la queuë ſont d'un bleu clair, ou couleur de cendre, tel qu' on voit pluſieurs goïlands: l' autre partie des ailes eſt noire, c'eſt a-dire les pennes, qui ont les pointes blanchatres: le coté de l'aile eſt blanc, auſſi bien que les plumes de couverture du deſſous: le ventre eſt blanc, de méme que les cuiſſes, le croupion, les couvertures de deſſous la queuë, et les plumes du deſſus de la queue: il a des plumes ſur les jambes au deſſoux des genoux; elles ſont couvertes auſſi-bien que les doigts d'une peau par écailles d'un orange clair: ſes ongles ſont noirâtres.

Le petit Lezard brun eſt de cette couleur ſur tout le corps, excepté deux lignes bleuâtres qui s'etendent chacune le long d' un coté du dos: il eſt marqueté de noir ſur le deſſus: le ventre eſt d'un brun plus clair, ſans taches: ils ſe tiennent d'ordinaire ſur la créte des foſſés et dans d'autres endroits ſecs, au pied des vieux arbres, ſur l' ecorce desquels ils s'ebattent au ſoleil et attrapent des mouches. Je ſurpris un jour un de ces Lezards attaquant un petit oiſeau dans ſon nid, ou il couvoit des petits nouvellement éclos; c'étoit dans une vigne, contre la muraille: je crois que le Lezard auroit fait ſa proye des petits, s'il eut pu les tirer du nid. Je fus témoin du combat pendant quelque tems; mais m'étant approché fort prés, le Lezard ſe laiſſa tomber par terre, et l'oiſeau s'envola du nid.

Le Faucon avoit été tiré aſſez prés de Londres, et on en avoit fait préſent à Mr. Leman, au College des Medecins de cette ville, comme d'une choſe curieuſe, à cauſe de la ſingularité de ſon plumage. Lorſqu' on l'apperçut, il voltigeoit autour du pied de quelques vieux arbres, dont il paroiſſoit quelque fois frapper le tronc avec ſon bec ou ſes ſerres, en continuant cependant à voltiger; ce dont on ne put decouvrir la cauſe qu' aprés l'avoir tué: cars alors l'ayant ouvert, on lui trouva dans le jabot une vingtaine des Lezards en queſtion, qu' il avoit attrapés adroitement, en fondant ſubitement ſur eux: et c'eſt ce qui m' a engagé à donner la figure du Lezard en meme temps. Les Lezards que l'on trouva dans l'eſtomach de l'oiſeau étoient dechirés ou coupés chacun en deux ou trois morſeaux. Mr. Shaw Medecin, a décrit dans ſes Voyages en Barbarie et au Levant p. 251. un Faucon, qui me paroit reſſembler de fort prés à celui ci: il l'appelle Karaburno. Voici ſes remarques: „Le Karaburno eſt un Faucon cou„leur de cendre, de la groſſeur de notre butor; il a le bec noir, le tour de la prunel„le rouge, les jambes courtes et jaunes, le dos couleur de cendre ou d'un bleu ſale, „les pennes noires, et le ventre blanchâtre de méme que la queuë.„ Je crois que l'oiſeau de Mr. Shaw eſt le méme que celui que je viens de décrire, et qui n' eſt point né en Angleterre, mais qu' il s' y étoit venu refugier par hazard: peut-étre aprés s'étre echappé des mains du quelque voyageur, qu' il l'apportoit en Europe par curioſité. Je penſe que ce que Mr. Shaw en a dit, eſt la premiére notice que nous ayons recuë de cet oiſeau, et que la figure que j'en donne eſt la premiére qui en ait été publiée.

TAB.

Tab. 1

G. Edwards ad viv. delin.   ...Seligmann excudit.   Jo. Schreizer sc. Sculps.

Cum Priv. Sac. Caes. Majestatis.

Accipiter subcœruleus   No. 2. VIIter Theil. Le Faucon Bleu, et le petit
Tezard Brun.

G. Edwards ad viv. delin.   J. M. Seligmann excudit.   J. A. Seb. p. t. extraoz. Reg.
Cum Priv. Sac. Cæs. Majestatis.

Sorbus maxima, s. pomifera.   No. 3. VII.ter Theil.   La Corme ou Sorbe.

La CORME ou SORBE.

Ce fruit eſt repréſenté ici de ſa groſſeur naturelle: il croit par trochets, depuis trois
juſqu' à ſept ou huit fruits. Chaque fruit ſeparé paroit comme une petite pomme
d'un vert jaunâtre, teinte de rouge du coté expoſé au Soleil. Toute la peau en eſt
parſemée de petites elevations brunes, et l'oeil en eſt enfoncé comme celui des pommes; mais la queuë, au lieu d'être ronde, eſt de forme angulaire, de même que les
branches de l'arbre. Tandis que ce fruit eſt vert, il eſt fort âpre au goût; mais en
meuriſſant, il devient mou comme la néffle, et prend la même couleur; alors il a un
goût fort agréable. Ces Cormes çi étoient dans leur perfe ̂ction, vers la fin de Septembre; elles avoient cinq pepins ſemblables à ceux des pommes: on voit au bas de la
planche un pepin, et la coupe du fruit, dont l'intérieur paroit comme celui d'une pomme, excepté que ſa chair tire un peu ſur le jaunâtre. Il y en a d'autres qui reſſemblent à des poires; j'en donne auſſi la figure pour en faire ſentir la différence: elles
viennent rarement auſſi groſſes que les autres, quoiqu' au reſte elles paroiſſent être la
même ſorte de fruit. La plus groſſe Corme de la première eſpece, que j'aye pu trouver, peſoit une once poids de marc.

Mad. Blackwell a donné la figure de la Corme en forme de poire, dans ſon Recueil de Simples, Tom. I. pl. 174. Ces Cormes venoient de Hammerſmith, village près
de Londres: on en apporta une quantité au marché de Covent-Garden, en 1752, où je
les achetai. Cependant elles n'étoient pas connües encore alors, de nos plux fameux
Jardiniers, qui plantent des pépinières, ni de nos plus curieux Botaniſtes des environs
de Londres, qui depuis ce temps-là ont acheté tout ce qu' ils ont pu trouver, pour
en avoir la ſemence.

L'arbre qui les porte s'appelle Cormier, ou Sorbier, en Latin *Sorbus*: il eſt haut,
droit, rameux et agréable à la vuë: ſon ecorce eſt rude et griſâtre; ſon bois eſt rou-
geàtre, ferré, fort coriaſſe, et tres utile aux Tourneurs, qui en font des fuzeaux et d'
autres ouvrages; ſes feuilles ſont oblongues, étroites, dentelées par les bords, verdà-
tres par deſſus, blanchâtres par deſſous, rangées comme celles du frêne, ſur une côte
terminée par une ſeule feuille. Ses fleurs ſont petites, blanches, jointes pluſieurs enſemble, compoſées chacune de cinq feuilles diſpoſées en roſe. Cet arbre qui eſt nouveau dans ce pays, eſt, à ce que j'apprends, fort commun en certains endroits de
France, entré autre aux environs d'Angers, ou il croit de ſoi-méme, et ou il y en a
de diverſes eſpéces. Le fruit des uns s'appelle en Latin *Sorbum pomiforme*, et celui
des autres *Sorbum pyriforme*. La plupart de nos Botaniſtes parlent des vertus de ce
fruit: il eſt fort aſtringent, propre, ſur tout avant que d'être à maturité, a arréter le
vomiſſement et la diarée. On m'a dit qu' on le preſcrivoit utilement dans le ſud de
France a ceux qui ont fait excés de raiſins ou de vin doux. Nous avons une ſorte de
petit fruit en Angleterre, qui vient de ſoi même, mais d'une eſpéce toute differente de
celle-la: Gerard en nomme l'arbre *Sorbus torminalis*, ou Sorbier Commun; on voit la
figure du fruit et de la feuille dans la planche ſuivante.

MAIN d'un petit Garçon, qui avoit une Maladie de la Peau. Branche de CORMIER COMMVN.

On fit voir a la Société Royale de Londres, en 1731. un petit Garçon, qui avoit une Maladie de la Peau d'une efpéce dont aucun auteur n'a fait mention, et dont on a publié une relation dans les Tranfactions Philofophiques, N. 424, à laquelle on a ajouté la figure d'une de fes mains etc. avec des explications.

On fit encore voir la même perfonne à Londres, en 1755, fous le nom de l'homme porc-epic, avec un de fes fils, qui étoit dans le même état. Je les vis alors tous deux et les examinoit avec beaucoup de foin. Le pere, qui s'appelloit Eduard Lambert, étoit natif de Brattdon, dans la province de Suffolk, et peut avoir à préfent environ quarante ans. C'eft un homme de bonne mine, bienfait, et d'un teint vif: il paroiffoit ne différer en rien des autres hommes, quand on ne lui voyoit ni le corps, ni les mains. Car excepté le vifage et la tete, les paumes des mains, le dedans et le bout des doigts, et les plantes des pieds, il étoit tout couvert d'un nombre infini de menues excrefcences affez femblables à des verruës, quelques unes applaties vers le haut, d'autres concaves, d'autres pointües en forme de cône, et d'autres irreguliéres, affez ferrées, a peu près comme les foyes de fanglier dans une broffe, et fuppofées être un alongement des mamelons de la peau, parvenus a la groffeur d'une menuë ficelle ordinaire; ce qui formoit une couverture fort rude. Ces excrefcences étoient d'un brun foncé, ou d'un noir rouffeâtre, fi roides et fi elaftiques, qu'en paffant la main deffus, elles faifoient un bruit confiderable: elles étoient en quelques endroits, de plus d'un demi pouce de haut; toute la furface paroiffoit en général affez unie, quoiqu' elles allaffent graduellement en diminuant, à mefure qu'elles approchoient du bout des doigts et des orteils, où elles difparoiffoient entièrement.

Quand cet homme nâquit, il paroiffoit comme un autre enfant; mais au bout de huit ou neuf femaines, fa peau devint jaune, enfuite noirâtre, et bientot après ces excrefcences parurent. Lorfque je le vis, elles tomboient en plufieurs endroits, où elles étoient remplacées par de nouvelles d'une couleur plus claire: il me dit, que cela lui arrivoit tous les ans en hiver; alors il eft obligé de fe faire faigner pour prevenir une indifpofition qu' il auroit en même temps, s'il n'ufoit pas de cette précaution: il n'en eft prefque point incommodé dans les autres faifons, fi ce n'eft par la preffion de fes habits, lors qu'elles font parvenües à leur hauteur ordinaire. Il a eu la petite verole, et il a fubi deux fois la falivation, dans l'efpérance de fe delivrer de ce fleau. Pendant qu'il fubit ces operations, et qu'il fit malade de la petite verole, ces excrefcences tombererent entièrement, et fa peau devint blanche et unie, comme celle d'un autre homme; mais dés qu'il commença à fe bien porter, elles revinrent comme auparavant: hors cela, il a toujours joui d'une parfaite fanté.

Mais la circonftance la plus extraordinaire, c'eft que cet homme a eu fix enfants, tous attaqués de la même maladie, et en qui les premiers fymptomes s'en font manifeftés, tout de même, environ neuf femaines après leur naiffance. Il n'en refte qu'un de vivant; c'eft un fort joli petit garçon, de huit ans, qui eft exactement dans le même état que fon père: il a eu auffi la petite verole, et pendant ce temps là il a été exempt de fa maladie. La main repréfentée dans cette planche a été prife du fils d'après nature: j'y fais voir la paume de la main, qui m'a paru la plus expreffive, & auffi pour diverfifier, vû que le deffus de la main paroit dans la figure, qui s'en trouve dans les Tranfactions Philofophiques. Ma Figure repréfente mieux les parties unies du dedans de la main et des doigts, et les parties rudes du poignet, et du dehors de la main. On voit au bas de la planche quelques unes de ces excrefcences magnifiées par le microfcope.

Il me paroit inconteftable, qu'il pourroit provenir de cet homme une race de gens, qui auroient la même couverture que lui. Si cela arrivoit, et que lui, qui en feroit le père, fut oublié, il eft affez probable qu'on les regarderoit comme des hommes d'une efpece différente. Cette reflexion me determineroit prefque à croire que fi les hommes font tous fortis d'une feule et même tige, la noirceur de la peau des Ethiopiens pourroit bien provenir de quelque caufe accidentelle. Au refte, je dois reconnoitre içi, que ce detail eft prefque tout emprunté, avec la permiffion de l'auteur, qui eft de mes meilleures amis (Mr. H. Baker, F. R. S.) d'une lettre préfentée et lûe à la Société Royale, en 1755; qui m'a paru être une defcription fi exacte du fujet en queftion, que je n'ai pu rien y corriger ou ajouter.

J'ai mis ici la Corme Sauvage, non feulement pour orner et remplir la planche, mais auffi pour rectifier une faute de Mad. Blackwell, dans fon traité de botanique, où elle a donné la Figure du Fresne a bayes rouges, qu'elle appelle le Cormier Commun, Tom. I. p. 173. Celuici eft le *Sorbus torminalis* de Gerard, dans fon Herbal chez Johnfon, Lond. 1636. p. 1471. On le voit ici au naturel. Les feuilles font vertes en été, et deviennent rougeâtres en automne; l'empreinte fera mieux juger de leur forme, que tout autre defcription. Cette branche avec le fruit eft tirée d'après nature. Gerard a repréfenté les fleurs avec cinq feuilles; il dit qu'elles font blanches; je n'en ai pas vu. Le fruit eft verdâtre dabord, enfuite rouffeâtre, et enfin quand il eft mou et tout-a-fait meur, il eft d'un rouge brun. Le fruit coupé en deux offre quatre pepins, blancs en dedans, et d'un rouge foncé en dehors. Cet arbre croit de foi même dans le Sud de l'Angleterre.

TAB.

G. Edwards ad viv. delin.   J. M. Seligmann excudit.   Joh. Sebast. Leitner sculps.
Cum Priv. Sac. Cæs. Majestatis.

Manus juvenis cum cute morbosa   N.º 4. VII.ter Theil.   Main d'un petit Garçon, qui avoit
Sorbus vulgaris, f. torminalis.   une Maladie de la Peau. Branche
                                                           de Cormier Commun.

```
Der schwartz und weise Reinstädter.          Tab. V.
```

G. Edwards ad viv. delin.   J. M. Seligmann excudit.   Joh. Sebast. Leitner sculps.
Cum Priv. Sac. Cæsar. Majestatis.

...nius, Collurio Surinamensis ex   N.º 5. VI.ter Theil.   La Pie Griéche Noire et Blanche.
...et nigro variegatus.

Le PIE GRIÈCHE NOIRE ET BLANCHE.

Cet oiseau est représenté ici de sa grandeur naturelle exactement.

Le bec est assez gros vers la téte; il va en diminuant vers la pointe, et il est d'
une couleur obscure: la partie supérieure en est un peu crochüe, et se recourbe sur
la partie inférieure qui s' y renferme: il y a une petite coche ou entaillure de chaque
coté de la pointe de la machoire supérieure. Les petites plumes de la base du bec se
renversent en avant, et couvrent les naseaux en partie: tout le plumage, tant de la téte
que du corps, des ailes, de la queüe, etc. est noir et blanc, par barres, ou marques
transversales, alternatives: les plumes de couverture du dessous des ailes sont presque
toutes blanches, n' ayant que très peu de noir mélé confusement parmi le blanc: les
barbes intérieures des pennes ont des taches blanches: le dessous des pennes, et de la
queüe est presqu' aussi noir que le dessus: la queüe est composée de dix plumes: le doigt
extérieur de chaque patte adhére à celui du milieu, vers la base, c' est - à - dire vers
l' endroit ou il est attaché à la patte: les jambes, les pattes et les ergots sont d' un brun
obscur: chaque plume de dessus tout le corps, prise a part est marquée de plusieurs barres transversales noires et blanches: celles de dessus le dos ont plus de noir à proportion,
et celles du ventre plus de blanc. Voyez une plume qui est représentée au coin de
l' empreinte.

Cet oiseau appartient a Mr. Leman du College des Medecins de Londres. Il étoit
sec et très bien conservé; on lui a fait présent comme venant de Surinam dans l' Amerique Méridionale. Je l' ai eu en main durant tout le temps que j'ai travaillé cette planche,
a fin de la finir d'après nature avec toute l' exactitude possible.

Le petit Papillon noir et blanc vient de la Chine, et fait partie de ma petite collection. Le dessus des ailes est noir, ou d' un brun très foncé: elles sont barrées obliquement d' un coté à l' autre, de barres d' un blanc de créme: la tete, et le commencement
du corps est d' un très beau rouge: le reste du corps, et le corps inférieur ou la queüe
est d' un beau bleu, qui semble s' introduire un peu parmi le noir des grandes ailes, aux
endroits par où elles sont attachées au corps: le dessous de ce Papillon est marqué de
méme que le dessus, excepté que les couleurs sont un peu moins vives.

Le Grand HIBOU CORNU d' Athenes.

L'Oiſeau ſur lequel cette figure a été tirée étoit en vie; j'ai été obligé de le réduire fort au deſſous de ſa groſſeur naturelle, pour l'accommoder au format de
mon livre. L'original eſt de la ſeconde grandeur, étant plus petit que le Grand Hi-
bou-Aigle, gardé ſi long tems à Londres chez le Chevalier Hans Sloane, et bien connu
de tous les curieux de ſon temps, depuis l'année 1730 juſqu'à 1740. En plaçant une
régle ſur la perche où il ſe tenoit dans l'attitude où il eſt içi repréſenté, je trouvai qu'
il avoit plus de 17 poüces de haut; ainſi le lecteur pourra calculer, de combien l'oiſeau
même excéde l'empreinte en groſſeur.

Le Bec eſt conſiderablement crochu; la baſe en eſt couverte en partie de petites
plumes griſſatres ſemblables à du poil dont les pointes ſont tournées en avant: le bec
et les ongles ſont d'un brun foncé, ou d'un noir de corne. Les yeux ſont, comme
dans toutes les eſpèces de Hiboux à cornes que j'àye vus, d'un beau couleur d'or,
avec des prunelles noires: le viſage eſt plat, comme l'ont tous les Hiboux, d'un gris
blanchâtre, terminé tout autour par des lignes et taches d'un brun fort obſcur, ou noires: les cornes ou oreilles ſont compoſées uniquement de plumes, que l'oiſeau peut
élever à ſon gré, ou baiſſer preſque plates: elles ſont brunes par deſſus, et noires·de
deſſous, noir qui tombe immédiatément ſur les yeux, qui ſont outre cela environnés
tout autour d'une ligne obſcure, comme ſi la nature avoit eu deſſein par là d'en relever le brillant éclat: tout l'oiſeau eſt couvert de plumes d'un brun fauve marquetées de
noir: le brun eſt plus clair ſur l'eſtomach et ſur le ventre, que ſur le dos, et degéné-
re dans un gris de cendre pâle où blanc vers le bas du ventre: les grandes taches de
la tête, du dos et des ailes ſont en partie tranſverſales, et en partie de haut en bas,
d'une maniére confuſe et interrompüe; celles de deſſus l'eſtomach et le ventre ſont
ſur le milieu des plumes de haut en bas, plus large vers le haut, et diminuant graduellement en tirant vers le bas: outre les grandes taches, elles ſont toutes marquées de
lignes brunes tranſverſales fort etroites: le deſſous des pennes, et le deſſous de la queüe
eſt couleur de cendre, avec les mêmes barres tranſverſales, mais plus claires que ſur le
deſſus: les jambes et les pattes ſont faites comme celles des autres Hiboux, et couvertes juſqu' aux doigts de plumes, ou duvet blanchâtre.

Cet oiſeau avoit été apporté d'Athenes: on ſuppoſe que c'eſt ce même Hibou
que le anciens Athéniens croyoient être conſacré à leur Déeſſe Minerve. Celui ci eſt
actuellement en vie à Londres (1755) et appartient à mon très obligeant ami. Mr. Fothergill, Membre du College des Medecins de cette ville, qui m'en donna avis, et m'in-
vita poliement chez lui, pour le deſſiner au naturel.

G. Edwards ad viv. delin.   J. M. Seligmann excudit.   Joh. Sebast. Leitner sculps.
Cum Priv. Sac. Cæs. Majestatis.

Bubo magnus cornutus Athenienfis N.º CVIIme Avril. Le Grand Hibou Cornu d'Athen[es]
[C]avis Minervæ.

G. Eduards ad viv. delin.   J. M. Seligmann excudit.   Joh. Sebast. Leitner sculps.
Cum Priv. Sac. Caes. Majestatis.

Homo Sylvestris, s. Satyrus vel   N.º 7. VII.ter Theil.   Le Homme Sauvage.
Ourang-Outang l'Chimpanzee.

L' HOMME SAUVAGE.

On fuppofe que cet animal, qui eft un des premiers du genre Singe, eft celui de tout, qui approche le plus de l'homme par l'extérieur. Plufieurs Anglois, qui ont voyagé en Afrique et aux Indes, rapportent que ceux qui ont fait leur crûë, ont près de fix pieds de haut, quand ils fe tiennent debout, et qu'ils marchent fur leurs piéds de derrière.

Le fujet d'après lequel cette figure a été deffinée, eft à prefent dans cette ville de Londres, dans le fameux Cabinet Britannique. Il étoit jeune, et n'avoit guère que deux pieds et demi de hauteur quand il mourut: on le fit dabord tremper dans de l'efprit de vin, et puis on le fit fecher; enfin on le difpofa dans l'attitude que je lui ai donné ici l'ayant tiré avant que les parties fuffent trop deféchées ou retirées. Il reffembloit par la taille à la plufpart des autres finges; fes mains et fes piéds étoient tout de même: mais il différoit du général en ce qu'il n'avoit ni quëue, ni peau caleufe au bas du dos furquoi s'affeoir, comme en ont la plufpart des finges, et en ce qu'il avoit la tête plus ronde, et plus femblable à celle de l'homme, que les finges ne l'ont d'ordinaire. Le front étoit haut et élevé, le nez plat, les dents fort reffemblantes aux dents humaines: le poil étoit incliné, depuis le cou, tout autour de la tête, vers le front, fur lequel il pendoit un peu de même que fur les côtés du vifage, qui étoit fans poil; les oreilles etoient découvertes auffi, et fort reffemblantes à celles de l'homme: on voit par le profil de la tête, la manière dont les cheveux croiffoient. Il avoit deux mamelons, placés comme ceux des hommes: le vifage et les parties fans poil des pates étoient d'une couleur de chair brunâtre: le corps et les membres etoient couverts de poil crêpu, affez long, d'un brun rougeâtre plus epais fur le dos que fur le devant: le poil depuis la main jufqu'au coude inclinoit vers cette dernière partie.

Il y a environ 50 ans, que Mr. Edouard Tyfon Medecin, publia une defcription anatomique de ce même animal, qu'il nomme Pigmée, et dont il donne deux figures. Depuis ce temps là, on a publié, en 1738, une figure d'un de ces finges, qui étoit venu de la cote d'Afrique, appellée Chimp-anzée, et qu'on montroit à Londres: cette figure étoit dédiée au Chevalier Hans Sloane. Mais je n'ai été content, ni de celle-ci, ni des autres, après avoir vu celui que j'ai décrit: c'étoit une femelle; outre un autre (mâle) que j'ai actuellement par devers moi, et qui fe reffemblent exactement en toutes leurs parties, excepté en ce qui fait la différence des féxes. C'eft ce qui m'a engagé à publier cette figure, dont j'avois fait l'original avec un foin tout particulier, pour être gardé parmi les deffeins d'animaux du cabinet de curiofités du Chevalier Hans Sloane, qui font à préfent dans le Cabinet Britannique. Je crois que tous ces finges font originaires d'Afrique, quoiqu'il y ait des voyageurs, qui en parlant des Indes, decrivent quelque chofe de femblable. Pierre Vander Aa, Libraire à Leyde a publié un livre de tailles douces, qui me paroiffent recueilliës de divers voyageurs, parmi lefquelles il y en a deux, (la 11. et la 77.) de ce qu'il appelle Satyres, ou Orang-Outang. Le Capitain Beeckman, dans fon Voyage de Borneo inprimé à Londres en 1718, a donné l'empreinte et la defcription d'un finge, qui a beaucoup de rapport à celui-ci, mais qui n'eft plus le même: il a emprunté le nom du précedent, mais il l'a écrit Oran Outan, qui, à ce qu'il dit, fignifie en langue du pays Homme des Bois. Il dit qu'ils n'ont du poil qu'aux parties où il en croit au corps humain. Si cela eft vrai; ils approchent plus encore de l'efpece humaine, que celui dont on voit ici la figure.

TAB. VIII.

Le SINGE à QUEUE de COCHON de l' ISLE de Sumatra, DANS LA MER DES Indes.

Ce Singe fut apporté des Indes Orientales en 1752 par un de nos vaiffeaux de guer-re, qu' on y avoit envoyé pour protéger le commerce de la Compagnie des In-des, contre les ufurpations des Francois dans ce pays là : il etoit extrèmement vif et plein d' action.

Il étoit approchant de la groffeur d'un chat domeftique ordinaire. Sa téte n'etoit pas Itout-à-fait fi ronde que l'eft celle de certaines fortes de Singes, quoique il ne l'eut pas longue non plus : on en a donné le profil au pas de la planche ci-jointe. Il n'avoit que Ipeu ou point de poil fur le vifage, dont le teint ref-fembloiet affez à celui d'un vifage humain bafané ou hâlé; fes oreilles étoient prefque comme les nôtres; fes yeux étoient couleur de noifette, et fes paupiéres noires; on n'y voyoit point de blanc, comme aux yeux humains: fon nez etoit affez plat; et quand il avoit la bouche fermée, on n'y voyoit point de levres. Il avoit au deffus et ou deffous de la bouche quelque poils noirs courtes et affez clairfemées; fes dents reffem-bloient à celles de l' homme. Il avoit la téte couverte de poil d'un brun clair, excepté qu' au deffus des yeux, et depuis le front jufqu' au fommet de la téte, il étoit plus foncé. Il avoit auffi tout le corps couvert de poil brun, plus foncé fur le dos, et plus clair fur le ventre, où il n'y en avoit que très peu, et pour ainfi dire point du tout; il n'y en avoit prefque point non plus vers les mâchoires. Le poil foncé, qu' il avoit fur la téte, formoit une raye, laquelle defcendant fur le cou, s'etendoit le long du dos, jufqu' au bout de la queuë, qui etoit court et menüe, contre l' ordinaire des Singes; car ils ont en géneral de longues queuës, ou ils n'en ont naturellement point du tout. Celui-ci avoit coutume de porter la fienne comme la figure le repréfente; il avoit fous la queüe deux piéces de peau caleufe, rondes, fur quoi il s'affeyoit, quand il dormoit, ou qu'il étoit dans l' inaction. Ses pates, tant celles de derriére que celles de devant, reffembloient à des mains, ayant les ongles plats, excepté qu' elles en differoient par les pouces, qui étoient plus courts et moins gros à proportion aux pates de devant, et au contraire, plus gros et plus longs aux pates de derriére.

Cette efpéce de Singe eft rare içi, puifque celui-ci eft le premier que je me fou-vienne d'avoir vu; c'etoit un mâle. Mais aprés l'avoir acheté, et l'avoir eu quelque temps (car il a vécu un an entre mes mains) je rencontrai une femelle de la méme efpèce, qu' on montroit par curiofité à la foire de la S. Barthelemi, a Londres. Elle étoit la moitié plus grande que mon mâle, que j'y fis porter pour les comparer: ils parurent fort charmés de fe voir enfemble, quoique ce fut-là leur premiére entrevuë. Je ne fcaurois trouver, dans les Naturaliftes précédents, de defcription qui réponde à celle-ci, parce qu' il n'y a point de diftinction réguliére établie entre les diverfes efpe-cès de Singes, qui font en fort grand nombre. On en trouve dans prefque tous les pays fitués entre les tropiques, mais leur conftitution ne s'accommode pas des pays froids. Il n'y a point d'animal, que je fçache, dans les zones tempérées, qui approche en rien du genre Singe.

J. Eduards ad viv. delin.   J. M. Seligmann excudit.   Joh. Sebast. Leitner sculps.
                                 Cum Priv. Sac. Cæs. Majestatis.

Cercopithecus ex Insula S. Iago   N.° 8. VIIter Theil.   Le Singe à Queue de Cochon, de l'Isle
S. Cercopithecus viridis.   de Sumatra, dans la Mer des Indes.

G. Edwards ad vivum delin.   ... cum privilegio Sac. ... Majestatis.   ... sculps.
                                              ... XII Theil .

Noctua minima .   Le Petit Hibou

Le PETIT HIBOU.

Cet Hibou étoit à peu-pres de la groffeur d'une Grive de la plus grande efpéce: il eft rapetiffe dans la figure, mais on a ajouté le profil de la téte, tracé d'après fa groffeur naturelle. C'étoit une femelle, puifque l'ayant ouverte on lui trouva des oeufs dans le corps.

La tete eft ronde, et groffe à proportion comme elle l'eft dans tous les oifeaux du genre Hibou: le devant, ou le vifage, étoit féparé du derrière de la téte par une ligne en forme de coeur: le vifage eft blanchâtre, parfemé de longues taches brunes; le bec eft placé au milieu, et eft crochu comme celui du faucon, ayant une peau qui en couvre en partie la machoire fupérièure, et ou les nafeaux font placés: il eft couleur de corne, un peu jaune à la pointe: les iris des yeux font jaunes: il a des poils longuets, qui lui fortent en avant, tout au tour de la racine du bec: le deffus et le derrière de la téte eft couvert de plumes brunes, qui ont des marques blanchâtres le long de leur milieu: le dos, les ailes et la queüe font du même brun, mouchetées de taches blanchâtres, et d'un brun clair, qui font rondes fur les petites plumes des couvertures des ailes, longuettes fur les barbes extérieures des pennes; en forme de croiffant, & plus grandes, fur le dos, entre les ailes, & fur le croupion: la queüe eft marquée en travers, de barres, qui font alternativement brunes & grifes: les cótés des ailes font blancs: les couvertures du deffous des ailes offrent un leger mélange de noir & de blanc: le deffous des pennes eft d'un gris de cendre, avec des marques blanches, tant fur leurs barbes intérieures, que fur les extérièures: tout le deffous de l'oifeau eft blanc, depuis là gorge jufqù aux couvertures du deffous de la queüe, marqueté fur l'eftomach & fur les cótés de grandes taches noires: les jambes & les doigts font couverts jufqu'aux ongles de plumes blanches, qui reffemblent à du poil: les ongles font crochus, forts & noirs.

Cet oifeau tomba un jour par une cheminée, dans la paroiffe de S. Catherine près la Tour de Londres, de forte qu'on le crut étranger; & l'on fuppofa qu'il s'étoit échappé de quelque vaiffeau de deffus la Tamife; mais quelque temps après avoir fait ce deffein, j'ai appris de Mr. Theobold, de Lambeth, qu'il etoit tombé par une des cheminées de fa maifon un Hibou de cette même efpèce: ce qui me fait croire qu'il eft Anglois, quoique peu connu; puifque Willughby n'en a point parlé, quoiqu'il en ait décrit deux ou trois efpèces, mais dont aucune ne s'accorde exactement avec celleci; c'eft ce qui m'a engagé à donner la figure & la defcription de cet oifeau. Comme il étoit en vie quand j'y ai fait mes obfervations, j'ai été en état de rendre ma defcription plus exacte. Je fuppofe que le mâle de cette efpèce eft beaucoup plus beau que la fémelle. Celle ci appartenoit à un voifin de mon bon ami M. Jof. Ames, Secrétaire de la Societé des Antiquaires de Londres, qui m'en procura la vuë.

TAB. X.
L'ARAS VERT DU BRESIL.

Cet oiſeau eſt de la groſſeur d'un pigeon privé, ou du perroquet couleur de cendre à queüe rouge comme on en apporte de la côte de Guinée ſur les côtes
d'Afriqùe.

Il a le bec aſſez fort; la machoire ſupérieure en eſt crochüe &|a des angles aux
bords: les naſeaux ſont placés dans une peau blanche, qni fait le tour de la baſe du
bec: il a de chaque côté de la tête une eſpace de peau blanchâtre, entourée d'un cercle de tres petites plumes noires aſſez clair-femées: les yeux, dont les iris ſont couleur
d'or & les prunelles noires, ſont placés au milieu de cette peau; les plumes du devant
de la tête, près de la baſe du bec, ſont noires: le ſommet de la tête eſt bleu, & ce
bleu devient graduellement vert en deſcendant ſur le cou: il a auſſi une marque noire
de chaque côté de la machoire inférieure du bec, qui finit en pointes relevées: tout
le corps tant deſſus que deſſous, y compris le cou, eſt vert, le deſſus des ailes l'eſt auſſi, excepté les grandes pennes, & quelques unes du premier rang des couvertures de
deſſus, qui ſont d'un très beau bleu: les autres pennes près du dos ſont d'un vert
jaune: le coté de l'aile vers le haut autour de la jointure eſt rouge: le deſſous des ailes eſt rouge, excepté que les plus petites plumes de couverture ſont un peu tachetées
de vert pâle: les grandes plumes de la queüe ont les barbes vertes ſur le deſſus, vers
la racine, & ces barbes deviennent graduellement bleües vers l'extremité: les barbes
extérieures de chaque plume extérieure, de côté & d'autre, ſont bleües tout du long.
Toutes les plumes ont un peu de rouge vers la tige. Le deſſous de la queüe eſt tout
rouge: elle eſt compoſée de douze plumes étroites à la pointe: les deux du milieu
ſont le plus longües; celles qui les joignent ſont plus courtes; & les autres vont ainſi
en diminuant de chaque côté juſqu'à la derniére, qui eſt la plus courte de toutes: les
jambes & les pates ſont couvertes d'une peau noire par écailles: les doigts ſont placés,
deux devant & deux derriére, comme ceux de tous les Perroquets, dont celui-ci eſt
une eſpéce: les ongles ſont noirs & forts: il y a entre les plumes vertes des cuiſſes,
& la peau noire des jambes, des anneaux de plumes rouges, que l'attitude de la figure ne permet pas de faire voir.

Cet oiſeau n'avoit point encore été deſſiné, quoique Marggrave l'ait aſſez bien
decrit (V. Guil. Piso Hiſt. Nat. du Breſil p. 207) Il dit qu'il crie ó, ó, ó. Notre com-
patriote M. Willughby a donné dans ſon Ornithologie une traduction Angloiſe de la deſcription de Marggrave, c'eſt ſon ſecond Maracana, V. Willughby Ornit. p. 212.

L'original de ce deſſein a été tiré d'après nature de grandeur naturelle: j'ai éte
obligé de le réduire pour le faire entrer dans la planche. Ce Perroquet appartenoit
en 1752. à Mylord Carpenter, qui eut la bonté de me le prêter pour le deſſiner. Le
Chevalier Hans Sloane paroit inſinuer, que ſon petit Aras mentionné dans ſon Hiſtoire
de la Jamaique Tom. II. p. 297. eſt le même que celui-ci; mais je crois que s'il étoit
natif de cette isle nous en verrions plus communément en Angleterre, au lieu qu'il y
eſt fort rare, puiſque malgré toutes les recherches que j'ai faites après des animaux
étrangers, c'eſt le ſeul que j'y aye vú.

G. Edwards ad viv. delin .   J. M. Seligmann excudit .   Joh. Sebast. Leitner sculps.
Cum Priv. Sac. Cæs. Majestatis .

Psittacus, sive Macao viridis Brasiliensis. N°. 10. VII.ter Theil .   L'Aras Verd du Bresil

G. Edwards ad viv. delin.   G. M. Seligmann excudit.   Joh. Gottlieb Leberecht fec.
                                   Cum Priv. Sac. Caes. Majestatis.

Cercopithecus ex insula S. Jago   N.o II. VII.ter Theil.   Le Singe de l'Isle de S. Jaque
    Cercopithecus viridis.

Le SINGE de l'ISLE de St. JAQUES.

On donne fouvent à cet animal le nom de Singe Vert, et nous le diftinguons par ce nom. Nos gens de mer l'appellent en géneral le Singe de S. Jaques, parce qu' il vient de cet endroit-là, qui eft une des isles du Cap Vert, vis à vis la côte occidentale d'Afrique, dans l'océan Atlantique, vers le quinzième degré de la latitude feptentrionale.

Celui-ci étoit de la groffeur d'un petit chat domeftique. Ce Singe a la tête tout auffi ronde que celle de l'homme: fon vifage eft fans poil, et la peau qui le couvre eft de la couleur de celle des négres d'Afrique les plus pâles: les yeux font d'un noifette vif, avec la prunelle noire, fans apparence de blanc; et le nez eft plat. Celui-ci étoit enclin à faire des grimaces, et à montrer fes dents blanches. Je crois qu' il étoit fort jeune, quand je l'eus dabord, parce que les dents lui tombérént l'une après l'autre et qu' il lui en vint bientôt de nouvelles, comme il arrive aux enfants. Ses oreilles, par leur fituation et leur figure, reffembloient beaucoup aux humaines; la peau en étoit noire. Il avoit des deux côtés du vifage d'affez long poils gris-blanc, qui fe renver-foient fur les oreilles, et les couvroient en partie: il avoit au deffus des yeux quelques long poils noirs, au lieu de fourcils. Le haut de la tête, le deffus du cou et du dos, et le dehors des membres, étoient d'un vert jaunâtre: l'extremité du poil étoit verte, et le bas vers la racine d'un gris foncé, d'ou il refultoit un mélange où le vert do-minoit. Le ventre et le dedans des membres étoit couvert de poil d'un blanc argenté, plus court et plus clair femé que fur le dos: ces deux couleurs continuoient jufqu' au bout de la queuë, dont le deffus étoit vert, et lë deffous blanc. Toutes les pates avoient des ongles plats, et reffembloient un peu par la figure à des mains humaines. Je crois que tous les Singes, de quelqu' efpéce que ce foit, n' ont que deux tettes ou mamelons difpofés fur la poitrine, à peu près comme aux femmes; ce qui prouve clairement, fe-lon moi, que les Singes ne font qu' un ou deux petits à chaque portée.

J'eus une fois occafion de voir, à Whitéhall, chez le feu Duc de Richemond, une vielle guenon, qui avoit été apportée, en Angleterre étant pleine, elle fit un feul petit, qu' elle paroiffoit aimer fort tendrement: c' étoit un plaifir de la voir le tenir entre fes bras, et l'alaiter; elle reffembloit tout-a-fait par fes actions et fes manières à une femme qui nourit fon enfant. Comme il vient affez communément des Singes de cette efpèce dans la plupart des pays commerçans de l'Europe, il eft probable que quel-ques autres Naturaliftes en ayent parlé; mais je n' ai point encore trouvé de figure, qui repondit mieux à celui-ci, qu' à des Singes de plufieurs autres efpeces.

TAB. XII.

Le MONGOUS.

Ces animaux viennent de Madagafcar, et de la plufpart des petites isles entre celle-là et les Indes Orientales; ils paroiffent s'écarter d'un degré du Singe proprement dit. Le Maucauco, décrit dans la fixiéme Partie de cet Ouvrage Tab. XCII. eft une autre efpéce de ce même genre, mais plus beau que celui ci. Le Mongous n'eft pas fi gros qu'un chat de petite taille. Celui-ci étoit femelle.

La téte de cet animal reffemble beaucoup à celle d'un renard, et eft toute couverte de poil: il a les yeux noirs, entourés d'iris ou cercles d'un jaune orange: fon poil eft noir, et fe joint entre les yeux dans une pointe, laquelle defcend jufqu'au nez, qui eft de la même couleur; mais il y a entre les yeux et le nez une efpace purément blanche, qui s'étend fous les yeux, fur les côtés de la tête. Le haut de la tête, le deffus du cou, du dos, de la queuë, et des membres, eft d'un brun foncé, tirant fur la couleur de cendre, mais tout le deffous du corps eft blanc: fon poil eft laineux; fes pates font faites comme celles des finges, avec des ongles plats, excepté que le fecond orteil des pates de derriére fe termine par une griffe fort pointüe. Les quatre pates font couvertes de poil court d'un gris cendré clair: il a une longue queuë: fon poil eft affez épais et doux, et paroit être mélangé partout de clair et de foncé: fes mouvements reffembloient à ceux des finges.

Je vis cet animal en vie, en 1752, chez feu Madame Kennon, qui étoit fagefemme de fon Alteffe Royale la Princeffe de Gales. Elle eut la bonté de m'inviter à le deffiner; et elle m'apprit, qu'il fe nouriffoit de fruits, d'herbes, et de prefque tout ce qu'on lui préfentoit, même de poiffon vivants, et qu'il avoit grande envie d'attraper les oifeaux, qui etoient dans des cages. Depuis ce temps-là j'en ai vu d'autres de la même forte, entr'autres un, qu'on difoit avoir été apporté des Indes Orientales; il etoit auffi grand qu'un de nos gros chats domeftiques, ayant fon long vifage et fes pates toutes noires, les yeux comme ceux qu'on a décrits cy deffus; et tout le refte de fa robe d'un brun foncé. J'ai vû auffi à la foire de la S. Barthelemi à Londres, en 1753. trois ou quatre de ces animaux, tous grands à peu prés comme des chats domeftiques, faits les uns comme les autres, et différant principalement par la couleur. Il y en avoit un qui avoit la queuë plus touffüé, qu'aucun que j'euffe encore vû, et prefque de la même groffeur d'un bout à l'autre.

g. Eduards ad viv. delin.   J.M. Seligmann excudit.   Joh. Seba. Leitner sculps.
                                   cum Priv. Sac. Cae. Majestatis.

Cynocephalus capite vulpino, Mongooz N.º 12. VII.ter Theil.   Le Mongooz.
dictus.

Psittacus viridis fronte cœrulea.
G. Edwards ad vivum delin.
J. M. Seligmann excudit.
Cum Privil: Sac: Cæs: Majestatis.
No 13. VIIter Theil.
Le Perroquet verd facé de bleu

Le PERROQUET VERT FACÊ DE BLEU.

Cet oifeau eft de la groffeur d'une jeune petite poulette.

Le bec eft couleur de corne, ou cendré, ayant une marque orange de chaque côté de la machoire fupérieure, qui eft modérément crochüe, & qui a au bord un angle de chaque côté: les nafeaux font placés dans une peau, qui defcend un peu fur le bec: tout le devant de la téte ou le vifage eft revetu de plumes bleües tout à l'entour du bec: les yeux font placés dans ce bleu, & font environnés d'une bordure étroite de peau nüe couleur de chair: les iris des yeux font orange: au deffous du bleu la gorge eft couverte de plumes rouges: le derrière de la téte & du cou, le dos & les couvertures des ailes, l'eftomach, le ventre, & les cuiffes font d'un vert charmant, plus foncé fur le dos, & plus clair fur le ventre: les grandes pennes font bleües, celles qui fuivent, font bleües à la pointe, & rouges vers la racine; le refte de pennes vers le dos eft vert: le deffus de la queüe eft jaune au bout, jufqu'à la moitié; l'autre moitié eft d'un gros vert, jufqu'à la racine, & le deffous en eft d'un jaune pâle tirant fur le vert, excepté quelques unes des barbes intérieures des plumes extérieures, qui font rouges vers le bas, ou la racine: les jambes, les pates, & les griffes, font faites & difpofées comme celles des autres oifeaux de ce genre, & font couleur de chair.

Cet oifeau appartenoit à Mr. Lemman demeurant à Londres dans la rüe de Bifhopfgate: je crois qu'il n'a point encore été repréfenté ou décrit, celui ci étant le feul de l'efpèce, que j'aye jamais vû. Mon deffein a été tiré fur l'oifeau vivant.

Le PERROQUET ROUGE et VERT
de la CHINE.

Cet oiſeau eſt un des Perroquets de la plus grande eſpéce; il eſt de la groſſeur d'une poule de moyenne taille.

La machoire ſupérieure du bec eſt rouge à la baſe, & tire ſur le jaune à la pointe, qui eſt aſſez crochüe, & qui a un angle de chaque côté: la machoire inférieure eſt noire: les naſeaux ſont placés entre les plumes de la téte & la baſe du bec, où il n'y a point de peau, comme y en ont la plupart des Perroquets: il eſt encore ſingulier en ce qu'il a de la plume juſque contre les yeux, autour des quels les Perroquets ont en général une eſpace de peau nüe: les iris des yeux ſont d'un orange vif: la téte, le cou, le dos, les couvertures des ailes, l'eſtomach, le ventre, & le deſſus de la queüe ſont d'un vert pur & très beau: les côtés ſous les ailes, & les plumes qui en couvrent le deſſous ſont rouges; & cette rougeur ſe montre extérieurement le long des côtés de l'eſtomach & du ventre: les plus grandes pennes, ou principales plumes des ailes ſont d'un beau bleu, auſſi bien que celles du premier rang de couvertures, qui tombent ſur ces mémes plumes: le côté ou la bordure de l'aile, vers le haut, & qui tombe ſur l'eſtomach, eſt de la méme couleur: le deſſous des pennes, auſſi bien que le deſſous de la queüe eſt brun foncé, ou noirâtre: l'extremité des plumes de la queüe eſt en deſſous d'un brun jaunâtre: les cuiſſes & les plumes de couverture du deſſous de la queüe ſont vertes: les jambes, les pieds, & les ongles ſont noirs: les doigts ſont placés deux devant & deux derriére, comme les ont tous les autres Perroquets.

Cet oiſeau étoit vivant en 1754. Il appartenoit à Mad. Kennon, Sage‑femme de Son Alteſſe Royale la Princeſſe de Gales. Je crois, que ce Perroquet eſt de plus rares que j'aye jamais vûs, etant le ſeul de ſon eſpéce que j'aye rencontré juſqu'à preſent. Je crois qu'il n'a encore jamais été repreſenté ni décrit.

G. Edwards ad viv. delin.   J. M. Seligmann excudit.   Joh. Mich. ... sen. sculps.
Cum Priv. Sac. Caes. Majestatis.

Pſittacus Chinenſis ruber et viridis.   N.º 14. VII.ter Theil   Le Perroquet Rouge et Verd de la Chine

G. Edwards ad viv. delin.   J. M. Seligmann excudit.   Joh. Sebast. Leitner sc.
Cum Priv. Sac. Caes. Majestatis.

Cynocephalus niger, ex insula   N.º 15. VII.ter Theil.   Le Marcauco Noir
Madagascar, Macouco niger dictus.

Le MAUCAUCO NOIR.

Cette béte eft de la taille d'un chat Domeftique de la plus petite efpéce. C'eft un animal d'un naturel fociable, doux & pacifique, qui n'a rien de la rufe ni de la malice du finge.　Celui fur lequel cette empreinte a été defliné, étoit vivant, & venoit de Madagafcar.

La téte de cet animal eft faite comme celle d'un renard, ayant un mufeau pointu: fes yeux font d'un orange vif, tirant fur le rouge, avec des prunelles noires: fes oreilles font rondes vers le haut, & ombragées de longs poils, qui croiffent fur les bords; ces mémes poils fe continuent le long des côtés de la téte ou de la face, tant au deffus qu' au deffous des oreilles, & paroiffent comme une fraife veluë autour du vifage.　Il a fix dents en forme de gouge dans le devant de la machoire inférieure, mais on n'en decouvre point dans la fupérieure qui y reponde; on n' y voit qu'une cavité pour les recevoir.　Il a quatre dents canines, deux en haut & deux en bas; les autres dents qui font plus avant dans la gueule, font fort inégales.　Le poil tant du corps que des membres eft affez long, mediocrement épais, & fort doux; il eft prefque perpendiculaire fur la peau.　Les pates de devant font faites comme celles de finges, femblables à des mains, avec des ongles plats; le pates de derrière différent de celles des finges, en ce que le gros orteil ou le pouce eft plus gros, & que le doigt près du pouce a une griffe pointüe comme un chien; les quatre autres doigts ont des ongles plats. Les jambes de derrière font plus longues que celles de devant.　La queüe eft plus longue que tout le corps, affez touffüe, & à peu près de la méme groffeur d'un bout à l' autre. Toute la fourrure, avec les parties nües du nez & le dedans des pates, font d'un noir de jais.

On m'a dit que celui - ci étoit femelle; mais comme ces animaux ont le poil fort épais, & qu'ils différent des finges par les parties qui diftinguent les féxes, les ayant beaucoup plus retirées, je ne fuis pas en état de prononcer fur fon féxe, par connoiffance de caufe.　Il eft aftuellement vivant (1755) entre les mains de Mr. Critington, Clerc de la Societé des Chirurgiens à Londres, qui a bien voulu me le confier chez moi, pour l'y deffiner à mon aife.　Il m'a paru qu'il fe nouriffoit de legumes.　Durant le temps que je l'eus, il veçut de gateaux, de beurées, & de fruits d'été, car c'etoit en Juillet.　Je n'ofai rifquer de lui préfenter de la viande.　Il s'affied comme un finge pour manger, tenant dans les mains ou pates de devant ce qu'il mange.

Le SANGLIN, ou CAGUI MINOR.

Cette forte d'animal eſt une eſpéce de ſinge, tenant de la nature de l'ecureuil. La figure qu'on en voit ici, eſt de grandeur naturelle, tirée d'après le ſujet vivant. On a trouvé qu'ils peſoient depuis quatre onces & demie juſqu'à ſix onces & un quart poids de marc. Celui-ci étoit mâle.

Le ſommet de la tête, qui eſt fort ronde, eſt couvert de poil noir: il a aux côtés de la tête, & tout autour des oreilles, de long poil blanc qui ſaillit en deux touffes, d'une manière tout-à-fait extraordinaire. On ne voit point les oreilles dans l'attitude où la figure eſt tirée, mais elles ſe montrent de côté: elles reſſemblent aux oreilles humaines, elles ſont nües & d'un couleur de chair foncé. Le viſage eſt preſque ſans poil: la peau en eſt d'un couleur de chair aſſez foncé, excepté le haut du front, qui eſt blanc. Les yeux ſont d'un noiſſette rougeâtre, avec des prunelles noires: la face reſſemble à celle d'un ſinge, ce que l'on verra mieux par la figure, que par une plus ample deſcription. Tout le corps eſt couvert d'un poil gris de cendre foncé, laineux & fort doux: celui de deſſus le dos eſt un peu plus roide qû aux autres endroits, & chaque poil eſt de diverſes couleurs, c'eſt à dire, brun vers le bas, rougeâtre vers le milieu, & gris à la pointe, ce qui forme un melange varié ſur le dos. Les pates, excepté le dedans ſont couvertes de poil court: il a cinq griffes pointüés à chaque pate ſemblable à celles des ecureils, excepté le gros orteils des pates de derrière, qui ont des ongles plats. La queüe eſt fort longue à proportion du corps; elle eſt revetüe d'une épaiſſe fourrure, dipoſée tout du long par anneaux, qui ſe ſuccedent alternativement, d'un couleur de cendre clair, & l'autre noir.

Guil. Piſon a donné une figure, mais très imparfaite, & une deſcription de cet animal, dans ſon Hiſtoire Naturelle du Breſil. p. 227. & Ray en a parlé d'après lui, dans ſon SYNOPSIS METHODICA ANIMAL. QUADRUPED. p. 154. Il paroit que c'eſt auſſi le Cercopithecus, Sagouin, de Cluſius, dont il a donné la figure dans ſes Exotiques, Tom. II. p. 372. Johnſton a donné, dans ſon Hiſtorie des Quadrupedes, les figures de Piſon & de Cluſius, comme de deux animaux diſtinêts, appellant par mépriſe Caitaia, la figure qu'il a copiée de Piſon, ce nom étant placé dans Piſon plus près du Cagui, que du Caitaia. Jean Ludolphe, dans ſon Hiſtoire d'Ethiopie, ou Abyſſinie, a donné deux figures de cet animal; on en trouve les deſcriptions à la page 58. de la traduction Angloiſe de cet ouvrage: il l'appelle Fonkes, ou Guereza; mais ſa deſcription ne répond point du tout aux figures: de ſorte que je m'imagine que cela a été trouvé en Hollande, & qu'on a ſuppoſé, que c'étoit le petit ſinge décrit par Ludolphe, quoiqu'il eut été apporté par les Hollandois, du Braſil qui leur appartenoit dans le temps de la publication de cette hiſtoire. Jacob. Theod. Klein en a donné une figure de grandeur naturelle, & une deſcription, dans ſon livre des Quadrupedes. Tab. III. p. 18: mais il en a fait la queüe beaucoup plus groſſe que je n'en ai jamais vû, quoique j'aye examiné cinq ou ſix de ces animaux en vie. Le dernier auteur, & qui a donné la plus complette & la plus exacte deſcription du Cagui, eſt Jaq. Parſons, Docteur en Medicine, & Membre de la Societé Royale: il eſt entré dans un ſi grand detail ſur cet animal, & l'a ſi bien décrit, TRANSACT. PHILOS. Tom. XLVII. p. 146. qu'il m'epargne la peine d'en dire bien des choſes qu'autrement j'aurois pu dire. Mais il n'avoit pas eu le bonheur de rencontrer un ſujet auſſi vigoureux & d'un poil auſſi épais, que quelques uns que j'ai vus, depuis la publication du ſien. Mylord Kingſton en avoit un, qui étoit languiſſant, & le plus petit que j'aye vû. Mr. Hyde en avoit un autre, qui manquoit auſſi de vigueur, quand je l'ai vû, & de cette plenitude de forrure, qui eſt naturel à cet animal. Mais depuis ce temps-la j'en ai rencontré deux ou trois, qui étoient tout autre choſe, etant pleins de ſanté, & ayant le poil fort épais. Celui ſur lequel j'ai travaillé, appartenoit à l'obligeante Madame Kennon, ſage-femme de la Princeſſe de Gales. Elle me dit, qu'il ſe nourriſſoit de pluſieurs choſes, comme biſcuits, fruits, legumes, inſectes, limaçon, etc. & qu'un jour étant déchainé, il ſe jetta ſur une dorade de la Chine, qui étoit dans un baſſin plein d'eau, la tua, & la devora avidement. Elle lui donna enſuite de petites anguilles, qui l'effrayerent d'abord en s'entortillant autour de ſon cou, mais bientôt il s'en rendit maitre & les mangea. J'en ai vû un très beau chez Mr. Cook marchand à Londres. Ce negociant avoit demeuré a Liſbonne, où ſon epouſe avoit eſſayé, pour ſe divertir, d'avoir de la race du Sanglin, car c'eſt le nom qu'ils donnoient à ce petit animal, & elle réuſſit au point d'en avoir des petits, le climat y étant favorable. Ils étoient dabord fort laids, n'ayant preſque point de poil ſur le corps; ils s'attachent fortement aux têttes de leur mère; quand ils ſont devenus un peu plus grands, ils ſe cramponnent ſur ſon dos, ou ſur ſes epaules; & quand elle eſt laſſe de les porter, elle s'en debaraſſe en ſe frottant contre une muraille, ou contre ce qu'elle trouve dans ſon chemin: quand elle les a quittés, le mâle en prend ſoin ſur le champ, & les laiſſe grimper ſur ſon dos, pour ſoulager la femelle.

G. Edwards ad viv. delin.　　　J. M. Seligmann excudit.　　　Joh. Sebast. Leitner sculps.
Cum Priv. Sac. Caes. Majestatis.

Cercopithecus parvus, Cagui Minor　N.º 16. VII.ter Theil.　　　Le Sanglin, ou Cagui Minor.
Brasiliensium s. Sagouin Clusii.

G. Edwards ad viv. delin.　　J. M. Seligmann excudit.　　Joh. Sebast. Leitner sculps.

Cum Priv. Sac. Caes. Majestatis.

Psittacus minor India Orientalis　　No. 17. VIIter Theil.　　La Perruche à Estomach Rouge
pectore rubro

La PARRUCHE à ESTOMACH ROUGE.

J'ai pris les deux tiers de la mefure naturelle de cet oifeau, afin de le réduire à une grandeur proportionnée à la planche; de forte, que la fuperficie que l'on voit ici, eft au deffèin que j'en ai tiré de grandeur naturelle, comme quatre a neuf; mais fi l'on faifoit une figure folide felon cette reduction, & qu'on la comparât avec une figure folide de grandeur naturelle, la proportion feroit comme de huit à vingt-fept.

Le bec de cet oifeau eft d'un blanc jaunâtre: il y a fur fa partie fupérieure une peau fort étroite, où les nafeaux font placés: cette partie fupérieure eft mediocrement crochüe, & les bords, de coté & d'autre, en font ondés: les plumes d'autour du bec font bleües, & s'etendent un peu vers le fommet de la tête: le derrière de la tête eft vert, auffi bien que les côtés où font les yeux: il a autour du derrière du cou un anneau jaune, au deffous duquel le cou eft vert tout à-l'entour: il a le dos, le croupion & le deffus des ailes & de la queüe d'un beau vert, ce que l'attitude que j'ai donné à la figure ne permet pas de voir; ayant préferé de faire paróitre le dedans des ailes, & l'eftomach, où il y a une plus grande variété de couleurs: l'eftomach eft d'un très bel orange tirant fur le rouge: le ventre, depuis l'eftomach, & les côtés fous les ailes, font d'un vert obfcur entremélé d'un peu de rouge: les cuiffes, le bas ventre & les couvertures de deffous la queüe font d'un jaune mélé de vert: le deffous des plumes de la queüe eft d'un vert fale: les petites plumes du côté de l'aile en deffous vers la jointure, font jaunes; les plumes de couverture, qui les joignent, font rouges: le deffous de toutes les pennes en général eft brun vers la pointe, & vers la racine: les barbes intérieures des plus longues pennes font jaunes dans la partie intermédiaire, & celles des autres pennes, vers le dos y font rouges: les jambes, les pates, & les ongles font obfcurs, ou noirâtres; leur figure & leur difpofition, eft la même que dans tous les autres oifeaux de ce genre.

J'ai entre mes mains la peau de cet oifeau rembourrée & très bien confervée. Je l'achetai un jour d'un marchand de porcelaine; il me dit lui même qu'elle avoit été apportée par un de nos vaiffeaux de la Compagnie des Indes. C'eft une forte de Perruche, qui ne le céde en beauté à aucune de celles que j'ai vües; & je crois qu'elle n'a encore jamais été reprefentée ni décrite par qui que ce foit.

LA Perruche à Colier, à TÊTE COULEUR DE ROSE.

Cet oifeau eft d'une beauté fingulière. La figure le repréfente de la grandeur naturelle, peut être un peu plus petit, s'il y a quelque différence.

La machoire fupérieure du bec eft d'un jaune pâle, crochüe à la pointe, & ondée par les bords; l'inférieure eft d'un brun obfcur ou noirâtre: une peau étroite & rembrunie couvre la bafe du deffus du bec, & les nafeaux font placés dans cette peau: le devant de la téte, y compris le tour des yeux, eft d'un rouge clair ou couleur de rofe, qui dégenère graduellement en bleu, fur le derrière de la téte: la gorge eft noire depuis le bec en defcendant, environ d'un pouce de long; & des angles infériéures de ce noir part une barre de chaque côté, qui en fe ioignant vers le derrière de la téte, forment une efpèce de colier, qui fépare la téte d'avec le corps: tout le corps eft d'un vert pur, auffi bien que les ailes, excepté qu'il eft plus foncé fur le dos, & plus clair fur le ventre, ou'il tire fur le jaune: quelques unes des petites couvertures des ailes font d'un rouge obfcur, & y forment une tache de cette couleur: les couvertures du deffous des ailes font d'un vert jaune pâle; le deffous des pennes eft d'un vert obfcur: quelques unes des barbes extérieures des pennes font d'un vert jaune pâle: la queüe eft compofée de plumes bleües, qui finiffent en pointe: celles du milieu font affez longues, mais les autres vont en racourciffant de côté & d'autre jufqu'à la dernière: le deffous de la queüe eft d'une couleur jaunâtre obfcure: les jambes, les pates, & les ongles font couleur de cendre: les doigts font placés comme dans les autres oifeaux du genre Perroquet.

Cet oifeau extraordinaire, étant rembourré & placé fur une perche, avoit été envoyé de Bengale, dans les grandes Indes, à feu Mr. Dandridgue, demeurant à Londres dans un endroit apellé Moorfields, qui me le préta pour le deffiner. Les Indiens l'appellent Fridytutah. Albin a deja dans fon Hist. Des Oiseaux, tom. III. p. 14. donné une figure de cet oifeau d'après le méme fujet, dont je me fuis fervi. Mais en le comparant avec ce qu'il en a écrit, j'ai cru que je pourrois perfectionner & la figure & la defcription. Il a oublié les taches rouges, qui font fur les ailes, & il a dit, que le deffus de la queüe étoit vert de pré, aulieu qu'il eft réellement bleu, n'ayant qu'une très legere nuance de vert, près de la racine des plumes. Il a ajouté que la queüe étoit compofée de quatre plumes, ce qui eft contraire à la nature d'aucun oifeau que j'aye jamais vû, n'y en ayant point qui en ait moins de dix; & je ne crois pas qu'il y ait de Perroquet qui en ait moins de douze: mais il faut avouer que la queüe de ce fujet-ci étoit affez imparfaite, & qu'étant enfermé dans du verre, Mr. Albin ne pouvoit pas feparer les plumes, pour en déterminer le nombre. Je crois que cet oifeau nous étoit éntiérement inconnu avant que ce Naturalifte l'eut deffiné & décrit. Pour moi, j'ai eu la liberté d'ouvrir la boëte vitrée, & d'examiner l'oifeau à mon aife.

G. Edwards ad viv. delin.   J. M. Seligmann excudit.   Joh. Sebast. Leitner junior.

Cum Priv. Sac. Caes. Majestatis.

Psittacus minor torquatus capite roseo. No 18. VII.ter Theil. La Perruche à Colier, à tête couleur de Rose

G. Eduardo ad viv. delin.   J. M. Seligmann excudit.   Joh. Sebast. Diener sculps.
                                 Cum Priv. Sac. Cæs. Majestatis.

Mus Ægyptiacus, pedibus posticis   N.º 19. VII.ter Theil.   Le Gerbua.
longissimis, cauda elongata, Gerbua dictus.

Le GERBUA..

La planche repréfente cet animal de fa grandeur naturelle. Sa figure en général approche de celle d'un rat, excepté qu'il a le nez plus court, auffi bien que les pates de devant, & que celles de derriére font beaucoup plus longues.

La téte eft fait à peu prés comme celle d'un lapin: les oreilles font plus courtes: il a les yeux à fleur de téte: fon nez eft couleur de chair & fans poil: fes dents font femblables à celles d'un lapin: il a le deffus de la téte & le dos couverts d'un poil rouffâtre, de la couleur d'un lapin fauvage; le deffous de la téte, la gorge, le ventre & le dedans des cuiffes, font blancs. Il a au bas du dos un croiffant noir, dont les cornes defcendent fur les côtés, & font tournées vers la téte: les pates de devant ont quatre orteils avec des griffes, outre les rudiments d'un cinquiéme orteil fans griffes; elles font fans poil, de même que les jambes de derriére, & couleur de chair. Il cache d'ordinäire fes pates de devant dans fon poil, de forte qu'on diroit, qu'il n'a que les deux de derriére: celles-ci qui n'ont que trois orteils font auffi fans poil jufqu'au deffus de la première jointure, de forte qu'on les prendroit pour pates d'oifeau aquatique. Sa manière de fe tranfporter d'un lieu à un autre eft par fauts de trois à quatre pieds, ce qu'il fait fort vite. Il a la queüe longue & de la méme couleur que le dos, excepté vers le bas, ou elle devient noir & touffüe, mais l'extremité en eft blanche. Ses pates de devant ne touchent jamais à terre; il s'en fert comme les ecureuils pour tenir ce qu'il veut manger.

Aldrovand a donné une affez bonne figure de cet animal, qu'il apelle le lapin ou lievre des Indes, CUNICULUS SEU LEPUS INDICUS; on le trouve en Egypte, & fur les cotes de Barbarie. Moncony l'apelle Loir de Montagne, dans fon VOYAGE D'EGYPTE, EDIT. d'ALLEMAGNE p. 288. & il eft reprefenté & décrit fous le nom de Jerbua dans le Trefor de Hamy. Vid. THESAURO BRITTANICO DELINATE é DESCRITTE da NICOLA FRANCESCO HAMY ROMANO, tom. II. p. 124. 125. On le trouve auffi reprefenté par C. le Brun, dans fon Voyage du Levant, où il le nomme Gerbo, VOY. L'EDITION ANGLOISE, FOL. CHAP. LXXVIII, pag. 287. pl. 210. Celui-ci appartenoit à Mr. Scarlet. Opticien, prés S. Anne, Wéftminfter qui me permit de la deffiner. Mr. Blew, Bibliothecaire du Temple, Intérieur, en avoit eu un auffi; il en avoit confervé la peau rembourrée, qu'il me preta pour l'examiner. On dit que cet animal n'a qu'une feule ifsüe comme les oifeaux; mais c'eft ce que je ne fçaurois affurer, n'ayant pu manier l'animal vivant, comme il l'auroit fallu pour cet effet, parcequ'il mord quand on le tient ferré; mais d'ailleurs c'eft, à ce qui paroit, une béte très douce. Il fe nourrit, comme les liévres & les lapins, de grains & d'herbes de diverfes fortes. Il eft plus fauvage, & fe tient plus renfermé dans fa loge en plein jour, que vers le foir; alors il s'emancipe, fort & fautille plus familiérement & avec plus d'affurence par la chambre où on le tient; ce qui me porte à croire que c'eft naturellement un animal nocturne. Mr. Scartel le garda deux ou trois ans en vie, & puis il mourut. La fourrure en étoit fort moelleufe, & le cuir fort mince. Mr. Shaw. M. D. apelle cet animal. Jerboa, ou Yerboa; on en trouve un ample détail dans fes Voyages du Levant & en Barbarie, Pag. 248. 249. Il paroit qu'il s'eft trompé, en ne donnant que trois orteils aux pates de devant, & quatre à celles de derriére, puis qne j'ai vú qu'il en étoit autrement. Je n'ai point découvert de petits ergots où eperons aux pates de derriére, aux deux fujets que j'ai examinès, quoique je l'aye fait dans cette vue avec un foin particulier. Il dit qu'ils font communs fur la côte de Barbarie, & qu'ils fe logent fous terre.

Le MANGEUR DE FOURMIS MINOR.

La figure repréfente cet animal un tant foit peu plus petit que le naturel: il eft à peu prés de la taille d'un ecureuil de ce pays-ci. Le deffein original en a été tiré immediatement d'aprés nature.

Il eft revétu d'un poil fort épais & fort doux, luifant comme de la foye, un peu frizé ou ondé fur le dos, tout le long duquel il a une barre brunâtre, depuis le cou jufqu'à la queüe; il en a auffi une de la même couleur fur le ventre, parallelle à l'autre, mais un peu plus large: le poil de la tête, du corps, & de la queüe, eft un fauve rougeâtre clair: celui des jambes & de la partie la plus épaiffe de la queüe tire fur la couleur de cendre: le poil eft partout à peu prés de la même longueur, même jufque fur les griffes: le deffous de la queüe, vers l'extrémité eft fans poil, & cette partie paroit fe recoquiller naturellement en deffous, ce qui me porte à croire que cet animal peut fe fufpendre par là aux branches des arbres.

Mais ce qu'il y a de plus extraordinaire, c'eft qu'il n'a que deux griffes a chacune de pates de devant, que quelques auteurs apellent des mains: les doigts ou orteils, d'ou ces griffes ou ongles fortent, n'ont point de divifion fenfible: la griffe extérieure de chaque main eft prodigieufement grande, & l'intérieure fort petite à proportion: les pates de derrière ont chacune quatre griffes, affez ferrées & d'une grandeur égale. Les pates tant celles de devant que celles de derrière, ont quelque chofe de remarquable dans leur conftruction, en ce qu'elles n'ont rien en forme de pouce ou gros orteil, comme la plupart des quadrupédes; mais au lieu de cela elles ont une groffeur ronde & calleufe en forme de talons; & comme entre les griffes & cette groffeur les pates font creufes, elles paroiffent propres à faifir les petites branches des arbres. Les oreilles font rondes & petites, fe montrant à peine au deffus du poil. Au refte les jambes de derrière font plus longues que celles de devant.

Le deffein a été tiré d'aprés une peau rembourrée de cet animal, & trés bien confervée: elle appartenoit à fon excellence Mr. le Comte Perron, Ambaffadeur du Roi de Sardaigne, a qui on avoit affuré, qu'elle venoit de l'Amerique Efpagnole. J'ai auffi achetté par commiffion, pour le Chevalier Hans Sloane, un de ces animaux confervé dans une ligueur fpiritueufe, & qui provenoit du cabinet du feu dernier Duc de Richemond: il étoit annoncé fur le catalogue fous le nom d'efpéce de Potto: il eft actuellement dans le fameux Mufeum Brittannique, où les Naturaliftes pourront le voir. Moyennant le fecours de l'un & de l'autre, j'ai été en état de porter la figure à un degré de perfection, ou je n'aurois pu atteindre, fi je n'euffe eu que l'un ou l'autre, le premier n'étant qu'une fimple peau, & l'autre étant renfermé dans un vafe qu'il ne m'etoit pas permis d'ouvrir. Je n'en ai pu examiner la gueule; mais felon C. Linnaeus, SYSTEMA NATURÆ, Lipfiae, 1748. p. 8. Ord. 3. il n'y a point de dents AGRIAE, *dentes nulli, lingua longiffima cylindrica.* 15. *Myrmecophaga, corpus pilofum, aures fubrotundae.* Sa feconde efpéce me paróit être l'animal dont on voit ici la figure & la defcription. 2. *Myrmecophaga, manibus didactylis, plantis tetradactylis,* ce qui peut fe traduire en François, MANGEUR DE FOURMIS, (c'eft une famille de l'ordre des animaux champétres, dont Linnaeus fait de celui-ci la feconde efpéce) *ayant deux doigts aux pâtes de devant, & quatre orteils á celles de derrière.* Je n'ai encore trouvé nulle part de figure de cet animal, ni aucune defcription plus étendüe, que ce que Linnaeus en a dit, & que je viens de rapporter, ce qui n'eft guère qu'un nom: ainfi je crois, que cette figure eft la première qu'on en ait publiée.

G.Edwards ad viv. delin.   J.M.Seligmann excudit.   Joh.Sebast.Leitner sculp.
                                  Cum Priv.Sac.Cæs.Majestatis.

Myrmecophaga minor.   No.20.VIIter Theil.   Le Mangeur de Fourmis Mino

G. Edwards ad viv. delin.
J. M. Seligmann excudit.
cum Priv. Sac. Cæs. Majestatis.
N. 21. VIIter Theil.
Joh. Sebast. Leitner sc.
Psittacus minor fronte lutea.
La Perruche facée de jaune

La PERRUCHE facée de jaune.

La figure repréfente cet oifeau de fa groffeur naturelle; il eft de l'efpèce à longue queüe pointue: celui-ci étoit vif & fretillant: il exerçoit beaucoup fa voix, mais il exprimoit peu de mots d'une manière intelligible.

Le bec eft d'un gris cendré, extraordinairement crochu, avec des angles ou ondes aux bords; la peau qui contient les nafeaux eft de la même couleur; les iris des yeux font d'une couleur d'orange chargé: une efpace de peau fans plumes environne les yeux: la bafe du bec tout à l'entour, & les côtés de la tête tout autour des yeux font couverts de plumes jaunes, ou oranges, plus foncées, ou plus rouges près du bec, d'un jaune plus pâle, à mefure qu'elles s'en eloignent: le fommet de la tête, le derrière du cou, le dos, les ailes, le croupion & la queüe font d'un parfaitement beau vert de pré, excepté les plus grandes plumes des ailes & quelques unes de leurs couvertures, dont les barbes extérieures font bordées de bleu: la gorge, l'eftomach, le ventre, les cuiffes, & les plumes qui couvrent le deffous de la queüe, font d'un vert plus clair tirant fur le jaune: le bas ventre eft tout-à-fait jaune: le deffous des pennes & le deffous de la queüe eft d'un verdâtre obfcur: les jambes & les pattes font faites comme à l'ordinaire, & d'un gris couleur de cendre.

Cet oifeau appartenoit à la première femme du Chevalier Robert Walpole, fait depuis Comte d'Oxford. Cette Dame m'apprit qu'il venoit des Indes Occidentales; j'ai eu depuis occafion de m'en convaincre, en ayant vû du moins une demi-douzaine enfemble dans une cage, chez le Chevalier Charles Wager, qui étoit alors premier Seigneur de l'Amirauté, & dont l'epoufe me dit qu'ils avoient été apportés des Indes-Occidentales. Je ne fçaurois trouver de defcription d'aucune forte de Perroquet qui s'accorde avec celui-ci; ainfi je conclus que c'eft un de ceux, qui n'ont point encore été décrits.

La PERRUCHE COURONNÉE D'OR & la PLUS PETITE des PERRUCHES, VERTE & BLEÜE.

La plus grande figure de la planche repréſente le premier de ces oiſeaux : on l'a deſſiné un peu plus petit que le naturel, l'oiſeau même étant auſſi gros, ou plûtot tant ſoit peu plus gros qu'un merle.

Le bec eſt noir ; la machoire ſupérieure en eſt crochüe à la pointe, & elle a des angles à ſes bords : il y a autour de ſa baſe une peau étroite d'une couleur de chair bleuâtre, où les naſeaux ſont placés : il y a autour des yeux une bande de peau raſe de la même couleur : les iris des yeux ſont d'une couleur d'orange très vif, auſſi bien qu'une grande tache formée par des plumes, qui prennent depuis la baſe de la machoire ſupérieure du bec, juſque ſur le ſommet de la tête : le reſte de la tête eſt, de même que le cou, le dos, le deſſus des ailes & de la queüe, d'un gros vert pur : la gorge eſt d'un vert jaunâtre, avec un melange de rouge terne ; l'eſtomach, le ventre, les côtés ſous les ailes, les cuiſſes, & les couvertures du deſſous de la queüe ſont d'un vert pâle tirant ſur le jaune : quelques unes des pennes du milieu, entre les plus longues & les plus courtes, contre le corps, ſont bleües en dehors, & celles des plumes de couverture qui tombent deſſus ſont bleües auſſi ; ce qui tout enſemble forme une barre bleüe le long de chaque aile : le deſſous des ailes eſt, de même que le deſſous de la queüe, d'un vert jaune effacé, ou de la couleur dés olives confites : les jambes & les pattes ſont d'une couleur de chair rougeâtre, faites & diſpoſées comme dans les autres oiſeaux de cette eſpéce : les ergots ſont noirâtres.

Cet oiſeau étoit vivant, & appartenoit à une jeune Demoiſelle, fille de Mr. Jurin. M. D. qui mourut en 1750, à Londres, étant Préſident du College des Medecins. J'appris qu'on l'avoit apporté de Lisbonne, & qu'on ſuppoſoit que ſa patrie étoit le Breſil. Il a veçu en Angleterre 14. ans ; durant les trois ou quatre premières annés de ſon ſejour dans ce pays, elle (car cela prouve que c'étoit une femelle) pondit cinq ou ſix petits oeufs blancs : & je penſe que ce pourroit bien être la fémelle du Perroquet précedent, vû qu'il y a entre eux une très grande reſſemblance.

La plus petite des PERRUCHES VERTE & BLEÜE.

La figure inférieure de la planche repréſente cet oiſeau de ſa groſſeur naturelle, auſſi exactement qu'il m'a été poſſible de le tirer.

Le bec, de même que la peau qui en couvre la baſe, & ou les naſeaux ſont placés, eſt couleur d'or ; la machoire ſupérieure du bec eſt crochüe, & les bords en ſont ondés, la peau d'autour des yeux, les jambes, les pattes & les ongles ſont orange ou couleur d'or : la forme du bec & des pattes de cet oiſeau montre qu'il eſt parfaitement du genre Perroquet, malgré ſon extrême petiteſſe : il a la tête, le cou, le dos & tout le deſſous, d'un pur vert de pré : les ailes ſont vertes auſſi, excepté les plumes du premier rang de couverture, qui ſont d'un beau bleu turc : les barbes extérieures des pennes ſont d'un vert jaunâtre clair : le bas dû dos, & les plumes qui couvrent le deſſous de la queüe ſont d'un bleu céleſte : le deſſous des ailes eſt d'une couleur de cendre verdâtre, ayant quelque peu de plumes d'un beau bleu, mélées avec les plus petites plumes de couverture d'autour du coude ou de la jointure de l'aile : le deſſus de la queüe eſt d'un vert éclattant, & le deſſous d'un vert moins animé.

Cet oiſeau appartenoit en 1753. à Mr. Jean Millan, Libraire, près de l'Amirauté. Après l'avoir tiré de l'eſprit de vin & fait ſécher, il ne peſoit que trois gros poids de marc. Mr. Millan eut la bonté de me le laiſſer emporter chez moi, avec quelques autres oiſeaux qu'il avoit, pour les deſſiner. Il me dit que ce petit Perroquet avoit été achetée à la vente des curioſités du Cabinet du Duc de Richemond ; mais je n'ai rien pu apprendre touchant le pays d'ou il eſt venu.

TAB.

Psittacus minor vertice aureo.   N.º 22. VII.ter Theil.   La Perruche couronnée d'or,
Psittacus minimus viridi cœruleoque varius.   La plus petite des Perruches, verte et bleüe

G. Edwards ad viv. delin.   J. M. Seligmann excudit.   J. M. Schüst. Leitner sculps.
Cum Priv. Sac. Caes. Majestatis.
Elephas et Rhinoceros.   N.º 23. VII.ter Theil.   Elephant. et Rhinoceros.

L'ELEPHANT & le RHINOCEROS.

L'Elephant paſſe pour le plus grand te tous les animaux terreſtres à quatre pièds, quoique celui d'après lequel cette figure a été tirée à Londres, il y a quelques années, ne fut pas plus haut qu' une vache ordinaire.

La tête, quoique groſſe, ne l'eſt pas à proportion de la groſſeur de l'animal: celui ci étoit jeune; il n'avoit point encore de dents, & je les ai ajoutées pour completer la figure. Le front eſt haut & élevé; les oreilles ſont grandes à proportion, & pendantes; les yeux ſont petits; la trompe eſt longue, & va graduellement en diminuant, depuis la tête, juſqu'à l'extremité, qui eſt plate, ayant deux narines au bout de cette partie plate. Il peut alonger & racourcir ſa trompe, comme il lui plait, etant pleine de rides, ou anneaux, qui s'emboitent les uns dans les autres tout autour; le deſſous en eſt un peu plat, & le deſſus rond. Il peut ramaſſer la moindre choſe avec ſa trompe, par le moyen d'une petite pointe dont il entoure ce qu' il veut ſaiſir. Pendant que j'étois dans ſon étable pour le deſſiner, il fouilloit dans mes poches, dont il levoit adroitément la pâte avec ſa trompe qu' il fourroit dedans. Il a le corps rond & plein; ſon dos s'éléve en forme d'arche, plus ſenſiblement encore que celui du cochon, ou de tout autre quadrupede que je connoiſſe. Tout l'animal eſt court à proportion de ſa hauteur, mais ſes jambes ſont plutôt longues que courtes: les pieds ſont ronds vers la plante ou l'aſſiette, qui ne paróit pas beaucoup plus large que le diametre de la groſſeur des jambes mêmes. Chaque pied a cinq élevations plates d'une ſubſtance ſemblable à de la corne, qui paroiſſent étre des extrémités d'orteils, quoi qu' il ne paroiſſe point d'orteils à l'extérieur; on diroit que ce ne ſont que des moignons, plutôt que des pieds, quoique le ſquelette, dont l'Academie Royale des Sciences de Paris a donné la figure, montre cinq orteils à chaque pied, *V. Mem, de l'Acad, des Sciences, tom, III, partie III. p. 91. ou l'on trouve ſix differentes planches de l'Elephant & de ces parties.* La queüe reſſemble à celle d'un cochon: la peau paróit fort épaiſſe, dure & rude, avec beaucoup de crévaſſes, & d'elevations irrèguliéres, pendantes en plis d'une manière lâche en pluſieurs endroits du corps & des membres, comme on voit dans la figure; il eſt partout d'un brun foncé, parſemé de poil noir aſſez court.

Les curieux peuvent voir l'anatomie de cet animal, dans un petit traité Anglois, qui eſt dans la Bibliotheque des Medecins à Londres. *V. An Anatomical Account of the Elephant accidentally burnt at Dublin*, A. D. 1681. *being a letter to the Préſident of the Royal Society, by A. Molineux, Med. of Trinity College, near Dublin, printed in London.* 1682.

Job Ludolphe, dans ſon Hiſtoire d'Ethiopie, ou d'Abyſſinie, a décrit au long la manière dont les Eléphants ſe nourriſſent, qui eſt d'herbages, & les dévaſtations qu'ils font dans les plantations des gens du pays. Il dit qu'il n'y a que les mâles qui ayent de ces longues dents à la machoire ſupérieure. On peut encore conſulter touchant les Elephants la plus part des voyageurs qui ont parcouru les côtes d'Afrique & les Indes. I. T. Klein parle, DANS SON LIVRE DES QUADRUPEDES, à Lipſic 1751. p. 36. 38. de l'Elephant, mais il n'en a point donné de figure. Johnſton en a donné pluſieurs fort bonnes. On a donné la deſcription des os, l'hiſtoire naturelle, & la figure de l'Elephant dans les Tranſactions Philoſophiques N. 326.

Le RHINOCEROS.

On regarde en général le Rhinoceros comme le plus grand des quadrupédes après l'Elephant; la hauteur perpendiculaire de celui d'après qui cette figure à été deſſinée, étoit depuis les epaules en bas à-peu-prés de cinq pieds huit pouces: il étoit fort long à proportion de ſa hauteur, ayant, au rapport de ſon maitre, plus de quatorze pieds de long, depuis le nez juſqu' au bout de queüe, quand elle étoit etendüe.

Cet

Cet animal a la tête longue ; il a un creux entre le frond & la corne, qui fort au deſſus de ſon muſeau, où il n'y a point d'autre animal connu qui en ait. Le muſeau ou mufle paroit fait exprès pour fouiller la terre, & y chercher des racines dont il ſe nourrit, étant fort pliant & finiſſant dans une pointe qu'il tourne comme il veut : les naſeaux ſont de côté & d'autre de cette pointe. La levre inférieure eſt preſque carrée, elle eſt applatie par devant, & les coins qui paroiſſent de chaque côté ſont d'une couleur de chair très vif : les yeux ſont petits, & placés de côté aſſez en avant, c'eſt à dire prés du mufle, les oreilles ſont grandes a proportion, & ſe tiennent droites ſur le ſommet de la tête. Tout l'animal eſt couvert d'une peau gercée, fort epaiſſe & fort rude, couleur de cendre, ayant dans tous les endroits où cela eſt neceſſaire pour faciliter les mouvements de la bête, des plis & replis, qui tombent en arrière les uns ſur les autres, comme on le voit par la figure. Je la tirai à Londres, en 1752, d'après une femelle ; mais je ne pus lui trouver de groſſeurs ou noeuds diſpoſés ſur toute la peau en forme reguliére, tels qu'on les a exprimés dans quelques figures publiées depuis peu : elle me parut ſimplement fort rude & crevaſſée, excepté que ſur les cuiſſes de derrière, qui portent tout le poids de l'animal quand il ſe baiſſe pour ſe coucher, il y avoit de ces noeuds ſur la peau, qui étoient fort gros. Il y avoit quelques poils noirs au bout de la quêüe ; il y en avoit auſſi quelques uns clairſemés ſur les oreilles ; je ne lui en vis nulle part ailleurs. Le dos eſt creux ou enſellé, & le ventre eſt aſſez gros & pendant ; les jambes ſont courtes & groſſes à proportion : les pieds ſont ronds par derrière, & ont des ongles par devant, qui au moyen de deux diviſions ſe partagent en trois parties à chaque pied ; mais ils n'ont point de petit ongle, comme on voit aux vaches, aux dains, aux moutons, etc. La corne de cet animal étoit petite, par ce qu'il s'en falloit bien encore qu'il ne fut parvenu à ſa parfaite ſtature.

On trouve quelque fois des Rhinoceros, qui ont deux cornes au nez, l'une devant l'autre ; mais ſi c'eſt une eſpèce particuliére de Rhinoceros, ou ſi c'eſt un ieu caſuel de la nature, c'eſt ce que je ne ſçaurois déterminer. On voit dans les Tranſactions Philoſophiques, N. 490, l'empreinte d'une medaille, qui repréſente un Rhinoceros à deux cornes ; & la double corne même étoit dans le cabinet du Chevalier Hans Sloane, aujourdhui le Muſeum Britannique ; il y en avoit une auſſi dans celui de feu Mr. Mead, Medecin. On trouve dans les Tranſactions Philoſophiques, Tom. XLII, N. 523. trois vües du Rhinoceros, outre une planche qui en repréſente pluſieurs parties détachées, décrites avec exactitude par. M. I. Parſons, du Collége des Médecins, & Membre de la Societé Royale. Mr. Klein parle du Rhinoceros dans ſon Livre des Quadrupédes, où l'on, p. 26. -- 34. trouve trois excellents deſſeins d'une double corne. J'ai par devers moi le deſſein d'un Rhinoceros tiré par un officier du Shaftbury, vaiſſeau de la Compagnie des Indes, en 1737. Ce deſſein ſe rapporte aſſez au mien. L'animal mourut ſur la route en venant des Indes ici. Cet officier avoit écrit au bas du deſſein ce qui ſuit : „Il avoit environ ſept pieds de haut „depuis la ſurface de la terre juſqu'au dos, il étoit de la couleur d'un cochon qui com- „mence à ſécher après s'etre vautré dans la fange : il a trois ſabots de cornes à chaque „pied, les plis de la peau ſe renverſent en arrière les uns ſur les autres. On trouve entre „ces plis des inſectes qui s'y nichent, des bêtes à mille pieds, des Scorpions, de petits „ſerdents. &c. Il n'avoit pas encore trois ans, quand il a été deſſiné. Le penis étendu s'elar- „git au bout en forme de fleur de lis„ J'ai donné d'après ce deſſein la figure du penis dans un coin de ma planche. Comme ce deſſein m'eſt venu par le moyen de Mr. Tyſon, Medecin, je n'ai pas été à portée de conſulter l'auteur même, ſur ces inſectes malfaiſants, qu'il dit ſe loger dans les plis de la peau du Rhinoceros, pour ſcavoir s'il en avoit été temoin oculaire, ou s'il l'a dit ſimplement ſur le rapport des Indiens : j'avoüe que cela me paróit bien extraordinaire. On trouve dans le Recueil de Voyage de T. Aſtley une ample deſcription de l'Elephant & du Rhinoceros. *) D'anciens auteurs ont ſuppoſé qu'il y avoit une haine implacable entre l'Elephant & le Rhinoceros, & qu'ils ſe rencontroient rarement ſans ſe battre. **)

TAB.

*) V. Aſtl. Collect. en 4. à Londres, 1743. & conſultez la table du tom. IV.

*) Vit. Ambroſ-Opera, Par. 1530. pag. 51. ou il y a une empreinte qui repréſente leur combat & qu'on peut conſulter.

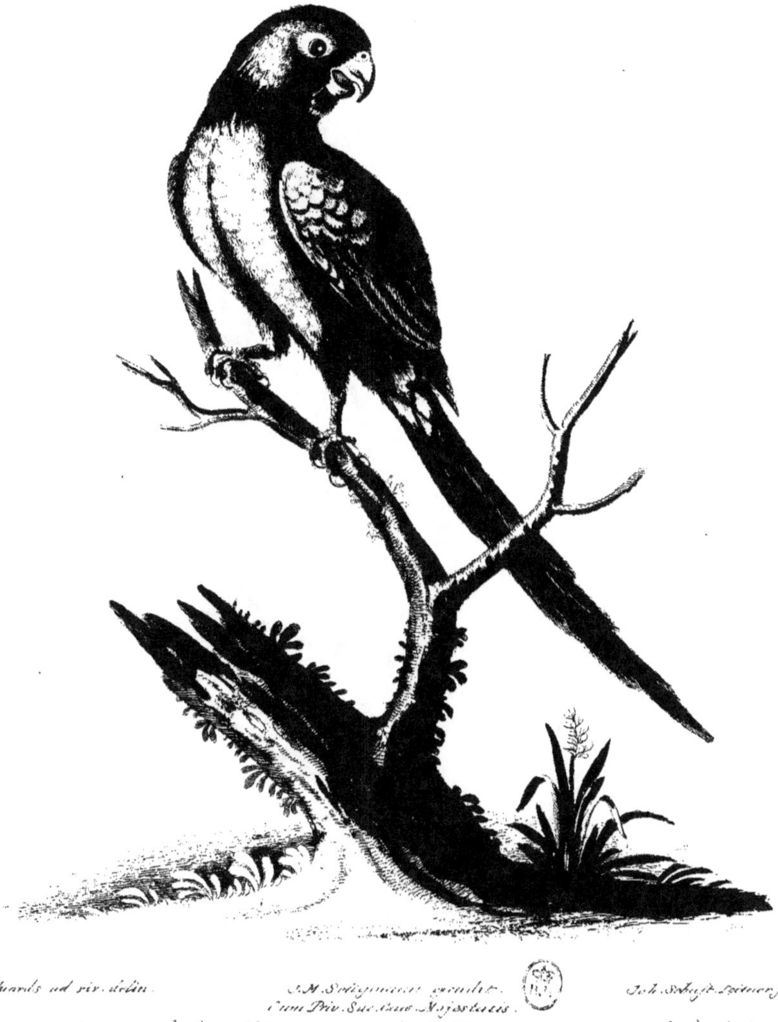

g. Edwards ad viv. delin.   J. M. Seligmann excudit.   Joh. Sebast. Leitner sculps.
                              Cum Priv. Sac. Caes. Majestatis.

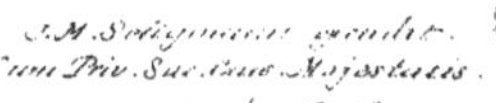

Psittacus minor cauda longissima   N. 24 VIIbⁿ Theil.   La petite Perruche à l'aile roug
viridis et ruber.

Edwards del. ad viv. delin.   J. M. Seligmann excudit.   Joh. Seb. Müller jun.
Cum Priv. Sac. Caes. Majestatis.

Psittacus minor capite rubro , vulgo   N.º 25. VII.tes Theil.   La petite Perruche à tête rouge, ou
Passer Guineensis dictus.   Moineau de Guinée;   et
Rapa Marilandica , gutture luteo.   La Gorge jaune de Maryland.

La PETITE PERRUCHE à L'AILE ROUGE.

L'oiseau, qu'on voit ici représenté de sa grandeur naturelle, est remarquable en ce qu'il est le plus petit des Perroquets à longue queüe, que j'aye encore vu.

Le bec, qui est d'une couleur de chair pale, est assez semblable d'ailleurs à celui des autres Perroquets: l'iris des yeux est d'un noisette si foncé, qu'il paroît presque noir, au lieu que les Perroquets ont communement les yeux jaunes, ou couleur d'or: l'oeil est placé dans un cercle de peau rase blanchâtre : il y a sur la gorge immédiatement au dessous du bec une petite tache d'un beau rouge, ou écarlate: le reste de la tête & du cou est, aussi bien que le dos, le croupion & la queüe, d'un gros vert de pré: les pennes sont d'un vert foncé toutes les plumes de couvertures des ailes sont rougeâtres, excepté les plus petites plumes autour du bord des ailes, qui sont vertes: l'estomach, le ventre, les cuisses, & les plumes qui couvrent le dessous de la queüe, sont d'un vert plus clair & plus tirant sur le jaune, que n'est le dessus de l'oiseau: les jambes & les pattes sont d'une couleur de chair pale : les doigts sont disposés comme dans les autres Perroquets.

Cet oiseau appartenoit en 1733, à mon Protecteur bienfaisant le Chevalier Hans Sloane, chez qui je le dessinai pour lui, & il me permit d'en tirer en même temps une copie pour mon usage. ¡Je n'ai pu trouver jusques-içi aucune description qui se rapportat à cet oiseau; ce qui me fait croire qu'il est de ceux qui n'ont point encore été décrits.

Je ne voudrois cependant pas affirmer, que les auteurs qui ont traité des oiseaux n'ont jamais vû aucun des Perroquets, que je suppose n'avoir point encore été décrits; car il arrive souvent que leurs descriptions ne sont ni complettes, ni suffisamment particularisées, & l'omission de la moindre marque peut donner lieu à des méprises, quand les ressemblences sont fort grandes. Depuis que j'ai décrit & dessiné celui-ci, j'en ai vu un autre de cette même espèce, entre les mains d'un jeune homme, qui disoit l'avoir apporté des Indes Orientales.

TAB. XXV.

La PETITE PERRUCHE à tête rouge, ou le MOI-NEAU de GUINÉE; & la GORGE JAUNE de MARYLAND.

La figure supérieure de la planche ci-jointe représente la petite Perruche à tête rouge de sa grandeur naturelle. La queüe est courte, & les plumes en sont toutes de la même longueur. Je n'ai vû que trois espèces de Perroquets à courte queüe: ces oiseaux ayant en general les deux plumes du milieu de la queüe naturellement fort longues, les autres allant graduellement en diminuant de chaque côté, jusqu'à la derrière.

Celui-ci a le bec couleur d'orange, crochu à la pointe de la machoire supérieure, mais sans ongles aux bords, comme en ont ordinairement la plupart des Perroquets: les naseaux ne sont pas non plus dans une peau rabattüe sur la base du bec, mais entre les plumes du devant de la tête & le bec même qui est entouré tant dessus que dessous de plumes qui sont écarlate ou d'un rouge éclattant: ce qui comprend tout le devant de la tête, ou ce qu'on peut appeller le visage: les yeux paroissent tout noirs, n'ayant point d'iris colorés comme la plupart des Perroquets : ils sont entourés d'un cercle de peau rase d'une couleur de cendre clair: le derrière de la tête, aussi bien que le cou, le dos & le dessus des ailes, est d'un très beau vert: la gorge, l'estomach, le ventre & les plumes de couverture de dessous la queüe sont d'un vert plus clair,

& plus tirant fur le jaune, que les plumes qui en couvrent le deffus; le deffous des pennes eft de méme que le deffous de leurs pointes d'une couleur de cendre foncé; les petites plumes de couverture du deffous des ailes font noires; les côtés des ailes font bleüs vers les jointures; le croupion eft revétu de plumes d'un beau bleu; les couvertures du deffus de la queüe font vertes; les deux plumes du milieu de la queüe font vertes auffi; les dix autres fçavoir cinq de chaque côté, font premiérement vertes vers le bas, ou la racine; vient enfuite une barre tranfverfale d'un trés beau rouge écarlate; aprés cela une barre de noire plus étroite, & enfin l'extremité qui eft verte; les couvertures tant du deffus que du deffous de la queüe, font fi longues, qu'on ne voit point les couleurs de la queüe, à moins qu'elle ne foit un peu étendüe: on a donc un peu racourci ces couvertures dans le deffein, pour montrer la beauté de la queüe; les jambes, les pattes & les ongles de cet oifeau étoient d'un brun obfcur comme ceux d'autres Perruches. C'étoit un mâle: la femelle a la tête d'un rouge plus pâle, & le côté de l'aile jaune aux environs de la jointure. J'ai par devers moi quelques uns de ces Perroquets defféchés.

On les apporte de Guinée fur la côte d'Afrique & ils font plus communs ici qu'aucune autre forte de Perroquets. Willughby a donné, d'aprés Clufius, une longue defcription de cet oifeau, & dit qu'il eft natif d'Ethiopie, VOY. WILLUGHBY, ORNITH. ANG. p. 119. Barbot a donné dans fon HIST. DE GUINE'E, ANG. p. 220. une figure & une affez amble defcription de cet oifeau, & dit, qu'il fait beaucoup de mal aux grains à la campagne. Albin l'a auffi deffiné & décrit, dans fon HIST. OF. BIRDS, tom. III. p. 15; il dit fans aucune autorité qu'il vient des Indes Orientales. Séba l'appelle tom. II. p, 40. la Petite Perruche d'Amerique, peinte de diverfes couleurs. D'autres le font naitre au Brefil. La diverfité de ces recits vient de ce que ces oifeaux nous font apportés par des vaiffeaux, qui partent en dernier lieu d'Amerique. Car ceux qui trafiquent en Guinée n'en reviennent prefque jamais directement en Europe; mais en conféquence de leur abominable & barbare commerce de chair humaine, ils y chargent leurs vaiffeaux de Négres, & fe rendent aux colonies d'Amerique, ou ils vendent ces pauvres miférables, comme les gens civilifés vendent les bétes brutes; aprés quoi ils s'en reviennent en Europe avec leur gain mal acquis. De forte que ce qui nous vient par cette voye paffe fouvent pour étre d'Amerique, quoique ce foit originairement du produit d'Afrique; ce qui eft le cas à l'egard de cet oifeau-ci, qui felon tout ce que j en ai pu apprendre, eft certainement d'Afrique, & ne fe trouve point du tout en Amerique.

LA GORGE JAUNE DE MARYLAND.

La figure du pas de la planche ci-jointe repréfente cet oifeau de fa grandeur naturelle; il me paroit étre de la famille de ceux qu'on appelle en général Moucherolles.

Le bec eft droit, menu, fort aigu & brun; il y a autour de la bafe de fa partie fupérieure des plumes noires- qui s'etendent de chaque côté de la tête, & y forment une barre, qui defcend vers le cou: les yeux font placés dans ces barres noires; le fommet de la tête eft d'un brun rougeâtre; le dos eft brun verdâtre ou olive foncé, auffi bien que le croupion, & le deffous de la queüe & des ailes; les bords des plumes des ailes & de la queüe font d'une couleur jaunâtre plus claire, de méme que le deffous de la queüe & des ailes: la gorge & l'eftomach font d'un jaune vif, qui pâlit graduellement, & devient d'un blanc jaune fur le ventre & fur les cuiffes, mais les plumes qui couvrent le deffous de la queüe font plus jaunes; les jambes & les pattes font faites comme celles d'autres petits oifeaux, & d'une couleur de chair obfcur.

Cet oifeau appartenoit à Mr. Elliot, Marchand, à Londres, dans la rüe appellée Broad-Street; il l'avoit reçu de la Caroline, dans l'Amerique Septentrionale, avec d'autres, confervés dans l'efprit de vin, & il a eu la bonté de me les préter tous pour les deffiner. J. Petiver a donné la figure d'un oifeau, qui à ce que je crois eft le méme que celui-ci; & pour cette raifon je lui continüe le méme nom qu'il lui a donné. Voici tout ce qu'il en dit „Gazoph. pl. VI. Avis Marylandica gutture luteo, The „Maryland Yellovv-Throat. Mr. Hugh Jones m'a envoyé cet oifeau de Maryland„ La figure de Petiver eft de la méme grandeur que la mienne ayant les mémes barres defcendant du devant de la tête au travers des yeux. Cet oifeau n'a encore jamáis été décrit à ce que je crois; car Petiver lui a fimplement donné un nom.

Depuis que j'ai écrit ceci, j'ai reçu la Gorge Jaune, avec un deffein trés exacte & trés bien executé, par Mr. Guil. Bartram, de Penfilvanie, ce qui m'a mis en état d'amplifier ma defcription; car il dit qu'elle frequente les bofquets, & les buiffons près des courants (je fuppofe qu'il veut dire des courants d'eau) & les lieux bas. Elle fe retire de Penfilvanie, à l'approche de l'hiver, pour s'en aller, à ce qu'on fuppofe, dans des climats plus chauds.

TAB.

G. Edwards ad viv. delin.   J.M. Seligmann excudit.   Joh. Sebast. Leitner Sculps.

Cum Priv. Sac. Caes. Majestatis.

Pica Toucan dicta, rostro rubro. N°.28. VIIter Theil.   Le Toucan à Bec rouge

Le TOUCAN à Bec ROUGE.

Cet oifeau eft de la groffeur d'un pigeon de maifon ordinaire, & eft fait comme un choucas: il a le bec fort grand à proportion du corps; il a auffi la téte groffe, a fin de pouvoir le fupporter.

Le bec a fix pouces & demi de long depuis les coins de l'ouverture jufqu'à la pointe: fa hauteur, ou fa largeur, dans l'endroit le plus gros, eft d'un peu plus de deux pouces: fon épaiffeur près de la téte eft d'un pouce & un quart: le deffus en eft arrondi, d'un bout à l'autre en forme d'arc, (different en cela d'une autre efpéce de Toucan que j'ai décrit dans mon Hiftoire des Oifeaux qui avoit le bec extraordinairement elevé en forme de fillon) le deffous eft arrondi tout de méme: la machoire fupérieure eft, tant à la bafe, ou joignant la téte, que fur le haut, jufqu'à la pointe, d'un iaune vif: les côtés font d'un beau rouge, ou écarlate; le deffous du bec eft de la méme couleur, excepté la bafe, qui eft purpurine: le rouge tant du deffus que du deffous du bec eft ombragé de noir, plus ou moins, en differents endroits, de forte que la pointe de la machoire inférieure eft noire: il y a une barre noire qui fait prefque le tour du bec vers la bafe; & qui fépare le rouge des autres couleurs: une autre ligne étroite & noire paffe autour de la bafe du bec, comme pour le féparer d'avec la téte, dans le côté fuperieur de cette ligne, font placés les nafeaux, qu'on ne voit point, étant prefque tout couverts de plumes; ce qui a fait dire à nos premiers Ecrivains d'Hiftoire Naturelle, qu'il n'avoit point de nafeaux, & leur a fait mettre leur éfprit à la géne, pour trouver de quoi fupléer a ce défaut d'une manière, ou de l'autre: il y a de chaque côté de la téte, autour des yeux, une efpace de peau bleuâtre dénuée de plumes, au deffus de laquelle la téte eft noire, excepté une tache blanche de chaque côté, tout joignant la bafe du deffus du bec: le derrière du cou, le dos, les ailes, la queüe, le ventre & les cuiffes font noires: le deffous de la téte eft blanc, auffi bien que la gorge & le haut de l'eftomach: il y a une place rouge en forme de croiffant, entre le blanc de l'eftomach & le noir du ventre, & ce croiffant a les pointes tournées en haut: les couvertures du deffous de la queüe font rouges, & celles du deffus font jaunes: les jambes, les pattes, & les ongles font d'un gris de cendre: les doigts font difpofés comme ceux des perroquets, deux devant, & deux derrière.

Cet oifeau curieux appartenoit au Mâitre du Caffé de Salter, a Chelfey, près de Londres. Le bec, la téte, le corps, & les ailes, font en leur entier, mais la queüe & les jambes y manquent: mais en le comparant avec les deffeins d'oifeaux de Surinam d'Anna Maria Marian, du Cabinet de feu le Chevalier Hans Sloane, j'en trouvai un deffein de grandeur naturelle, qui fe rapportoit exactement avec les reftes de l'oifeau deféché, & qui m'a mis en état de completter ma figure.

J. Petiver a donné la figure de ce méme oifeau, a ce que je crois, felon ces paroles que j'ai extraites de fon livre: TOUCAN SURINAMENSIS NIGER, EX ALBO, FLAVO RUBROQUE MIXTA. C'eft à dire, le Toucan de Surinam noir melé de blanc, de jaune & de rouge: pris d'un tableau Hollandois de la collection de Mr. Clark, Il ne fe rapporte exactement a aucun auteur que j'aye lu. V. GAZOPHYL &c, pl. XLIV. fig. 13.

Mr. de la Condamine trouva cette méme efpéce de Toucan en voyageant le long de la riviere des Amazones „Le Toucan, dit il, dont le bec rouge & jaune eft mon-„ftrueux à proportion du corps, & dont la langue qui reffemble à une plume délicate, „paffe pour avoir des vertus fingulières, eft particulier aux pays dont je parle. *V. l'abr.* „ *de fon Voyage dans l'intérieur de l'Amerique Meridionale.*

Le GEAI BLEU, & L'OISEAU ROUGE D'ETÉ.

Le Geai eſt repréſenté par la figure, qui paroit au haut de la planche ci - jointe. Il eſt reduit de ſa grandeur naturelle par le moyen d'une echelle ſuppoſée de douze pouces répartie ſur huit de notre pied Anglois. L'oiſeau rouge eſt auſſi diminué en même proportion.

Le Geai eſt fait à peu prés comme notre Geai commun d'Europe, excepté qu'il a la queüe plus longue, & que les plumes en ſont inégales; celles du milieu étant les plus longues, depuis leſquelles les autres vont en diminuant de chaque côté juſqù à la dernière: le bec eſt noir, & les naſeaux ſont couverts de poil blanc recourbé en avant: les plumes bleües du ſommet de la tête ſont longues & peuvent s'elever en forme de hupe, ou ſe coucher, au gré de l'oiſeau: il a des plumes noires autour de la baſe du deſſus du bec, qui paſſant au deſſus des angles de l'ouverture, vont entourer les yeux, & de là ſe joindre derrière la hupe, d'où elles réfléchiſſent encore en avant, tombent obliquement ſur les cotés du cou, juſqu'à ce qu'elles ſe joignent ſur la gorge, où elles deviennent plus larges, & forment une eſpèce de croiſſant, qui a les cornes tournées en haut: les côtés de la tête ſont blancs, auſſi bien que la partie de la gorge, qui ſe trouve environnée du croiſſant noir dont on vient de parler: il a auſſi une tache blanche au deſſus de chaque oeil: le bas du col, par derrière, & le dos eſt d'un bleu pourpre; le deſſus des ailes & la queüe eſt d'un trés beau bleu, auſſi bien que le bas du dos & le croupion: les plumes de la queüe, excepté les deux du milieu, ont la pointe blanche: elles ſont toutes croiſées de barres noires aſſez étroites, excepté les dernieres de chaque côté: les pennes ou grandes plumes extérieures des aiies ſont noirâtres, ayant ſimplement les cotés bordés d'une légére nuance de bleu, le reſte de pennes prés du dos, & la première rangée de leurs couvertures ſont blanches à la pointe, & croiſées de barres noires, d'une maniere charmante: les couvertures du deſſous des ailes ſont noirâtres: le deſſous des pennes eſt couleur de cendre de même que le deſſous de la queüe: l'eſtomach, au deſſous de la marque noire, eſt d'un rouge terne tirant ſur la couleur de roſe, & degénérant graduellement en blanc ſur le ventre, qui eſt de cette couleur auſſi bien que les cuiſſes & les couvertures du deſſous de queüe: les jambes, les pates, & les ongles ſont de la forme ordinaire, comme la figure les repréſente, & d'un brun obſcur.

La premiere notice que je trouve de ce Geai, c'eſt dans un recueil de planches ou figures publiées à Paris vers l'année 1676. deſſinées & gravées par N. Robert, Peintre du Cabinet de Louis XIV. Elles conſiſtent en des oiſeaux rares, qui étoient dans la Menagerie Royale de Verſailles. Je crois que c'eſt ce Geai qui y eſt appellé GARRULUS INDICUS CAERULEUS: il auroit dû ajouter OCCIDENTALIS à ſon INDICUS; car c'eſt un oiſeau de la Caroline, dans l'Amerique Septentrionale, d'ou il a été envoyé derniérement avec l'oiſeau rouge d'été, qu'on va décrire, a Mr. Elliot, Marchand, à l'ancien Hotel de la Compagnie du Sud, à Londres, & c'eſt à lui que j'ai l'obligation de ces oiſeaux, dont je me ſuis ſervi pour faire mes deſſeins. Un autre auteur qui a fait mention de cet oiſeau, depuis ce la, eſt Mr. Cateſby dans ſon hiſtoire de la Caroline, publiée à Londres en 1731. tom. I. p. 15. Cet auteur dit, que ces Geais ont les mêmes mouvements vifs que les nôtres, que leur cri eſt plus harmonieux, que les couleurs de la fémelle ne ſont pas ſi brillantes que celles du mâle, & qù excepté cela, il n y a point de difference. La raiſon qui m'a determiné à donner une nouvelle figure de cet oiſeau, c'eſt que le ſujet, qu'on m'a procuré, m'a paru quoique mort, beaucoup plus beau, que ce que Mr. Cateſby a décrit. On en peut voir la différence en comparant ſa deſcription avec la mienne. Peut-être que mon oiſeau étoit plus vieux que le ſien; car il y en a beaucoup, qui ne parviennent pas à leur dernier degré de beauté la première année.

L'OI-

Pica Glandaria Carolinensis cœrulea. Nᵒ 2g. VIIIᵗᵉ Theil. Le Geai Bleu, et l'Oiseau rouge
Muscicapa rubra, s. Avicula æstivalis rubra Carolinensis.   d'Eté.

Caryocatactes, vel Nucifraga. N:30.VII.Theil.　　　　Le Casse Noix

L'Oiseau Rouge d'Eté eſt repréſenté par la figure du bas de la planche : le bec eſt jaune, aſſez gros & fort, mais plus long à proportion, que ne l'ont les oiſeaux qui caſſent des ſemences : tout le plumage de cet oiſeau eſt d'un rouge eclattant, ou écarlate, excepté les pennes du fouet de l'aile dont les extremités ſont d'un orange obſcur : les couvertures du deſſous des ailes ſont d'un rouge brillant ; le deſſous des pennes & de la queüe eſt d'une couleur de cendre rougeâtre : les jambes & les pattes ſont de la forme ordinaire & d'un brun obſcur.

Ce ſujet avoit été apporté de la Caroline avec le précédent : Cateſby l'a repréſenté de grandeur naturelle. V. Son Histoire de la Caroline tom. 1. p. 56. Comme mon ſujet étoit ſec, je n'ai pu rien dire des yeux : cet auteur dit, qu'ils ſont grands & noirs ; il ajoute que ces oiſeaux ſe retirent de la Virginie & de la Caroline à l'approche de l'hiver, & que la fémelle eſt brune avec une teinture de jaune : je ſuppoſe que Catesby avoit découvert qu'ils ſe nourriſſoient de mouches & d'autres inſectes, puis qu'il leur a donné le nom Latin de Muscicapa Rubra.

TAB. XXX.

Le CASSE-NOIX.

Cet oiſeau eſt repréſenté plus petit que le naturel ; il eſt à peu près de la groſſeur de notre choucas ou cornelle emmantelée : les ailes étant fermées ont près de ſept pouces de long : le bec en a deux, depuis la pointe juſqu' aux angles de l'ouverture.

Le bec eſt un peu plus long à proportion que celui de la Pie ou du Geai ; il paroit arrondie à la pointe lors qu'on le regarde de haut en bas, & il eſt noir : les naſeaux ſont couverts de plumes blanchâtres, dont la pointe ſe renverſe de la tête en avant, & qui forment une barre de chaque coté, depuis la baſe du bec juſqu' aux yeux : le plumage de tout le deſſus, tant de la tête que du cou & du corps, eſt d'un foncé un peu rougeâtre : toutes les plumes de deux côtés de la tête, depuis les yeux, toutes celles du devant & des cotés du cou, de l'eſtomach, & de plus de la moitié du dos vers le cou, ont chacune à la pointe une tache triangulaire, dont l'angle le plus aigu eſt tourné vers le haut : les ailes ſont noires, & ont les mêmes taches triangulaires, mais ſeulement ſur les plus courtes plumes de couvertures : les plumes qui couvrent le deſſous des ailes, ont tant de blanc à leur extrémité, qu'on ne voit preſque point la couleur obſcure de devers la racine : il y a trois ou quatre des grandes plumes des ailes, vers le milieu, qui ont chacune une tache blanche longuette vers le milieu de leurs barbes intérieures : la queüe eſt compoſée de douze plumes noires ayant chacune la pointe blanche ; mais les plumes du milieu ſont plus longues & ont moins de blanc que celles des cotés, de ſorte qu'a meſure que les plumes racourciſſent le blanc augmente juſqu'à la dernière plume de chaque côté : les couvertures du deſſous de la queüe ſont blanches : les jambes les pattes, & les ongles ſont noirs.

Cet oiſeau eſt entre les mains de Mr. Millan Libraire, auprès de Whitehall qui me l'a preté pour faire ce deſſein. Il n'eſt pas venu à la connoiſſance de Mr. Albin. Willughby l'a décrit, & en a donné la figure ; il l'appelle Caryocatactes. Geſn. & Turn. V. Wilius. Ornit. tab. XX. p. 132. Geſner y a ajouté le nom de Nucifraga, dans ſon Nomenclator, de Avibus p. 25. où il a donné une figure de cet oiſeau. Willughby dit, qu'il ſe nourrit de noix, qu'il a un cri qui reſſemble un peu à celui de la pie : & qu'on le trouve dans les endroits montagneux de l'Autriche. Il y a quelque différence entre ma deſcription & l'oiſeau de Willughby, qui avoit les plumes de la queüe noires d'un bout à l'autre, & tout le corps tacheté de blanc : au lieu qu'il n'y a point de taches ſur le bas du dos, & le bas ventre du mien, & que toutes les plumes de la queüe ſont blanches à la pointe.

Le MANAKIN BLEUË à POITRINE POURPRE.

Cet oiſean eſt repréſenté ici de ſa grandeur naturelle: c'eſt un des plus magnifiques oiſeaux que j'aye vû depuis quelque temps, par l'éclat de ſes brillantes couleurs.

Le bec eſt noir, plûtôt menu que gros; le deſſus en eſt un peu courbé en forme d'arc, & la pointe en eſt tant ſoit peu inclinée en bas: le ſommet & les côtés de la téte, le deſſus du cou, le dos, le croupion, les cuiſſes, le bas ventre, & les plumes de couverture, tant du deſſus que du deſſous de la queüe, ſont du plus beau bleu que l'imagination puiſſe concevoir, ombragé d'un peu de noir ſur le ſommet de la téte, dans le milieu du dos, & ſur les plumes d'entre le dos & les ailes: il y a auſſi une petite bordure de noir autour de la machoire ſupérieure du bec: toutes les belles plumes bleues ſont noires, ou fort obſcures, vers le bas où la racine. La gorge & l'eſtomach ſont d'un pourpre rougeâtre extrémement riche: le bas ou la partie duvéteuſe de ces plumes pourpre eſt toute blanche: les ailes ſont noires, excepté les petites couvertures, qui ſont bleues. les couvertures du deſſous des ailes ſont noires: le deſſous des pennes eſt d'un noir obſcur, & la queüe eſt tout noire: les jambes, les pattes & les griffes ſont noires: le doigt extérieur de chaque patte eſt joint à celui du milieu, comme dans les martin-pecheurs.

Mon bon ami Mr. Jac. Theobald m'a fait le plaiſir de me prêter cet oiſeau pour le deſſiner: il m'a dit, qu'il avoit été apporté en Angleterre, par Mr. Mitchel, Chef d'Eſcadre, qui avoit accompagné Mr. (a préſent My Lord) Anſon, dans ſon expedition autour du monde: & comme j'ai un autre oiſeau de la même eſpéce quoique différent de celui la par les couleurs, qui eſt venu de Surinam, & dont j'ai donné la figure dans mon Hiſtoire des Oiſeaux, je m'imagine qu'il a été pris dans une latitude de la Mer du Sud, parallelle à peu près à la latitude de Surinam. J'ai pluſieurs oiſeaux de cette famille, quoique plus petits, tant dans les parties précédentes, que dans cette partie ci de mon Hiſtoire Naturelle, dont la plupart ont été apportés de Surinam.

Parus coeruleus pectore purpureo. N:31. VII.ter Theil. Le Manakin Bleu à poitrine pourpre.

J. Edwards ad viv. delin.
J. M. Seligmann excudit.
Cum Priv. Sac. Caes. Majestatis.
Gracculus Carolinensis.
No. 52. VIIter Theil.
Le jaseur de la Caroline.

Le JASEUR de la CAROLINE.

On voit ici cet oiſeau de ſa grandeur naturelle. Il a été travaillé ſur la planche immédiatement d'aprés nature, auſſi bien que la fleur.

Le bec eſt court & noirâtre; la machoire ſupérieure en eſt un peu courbée par deſſus en forme d'arc: il y a autour de ſa baſe de petites plumes noires formant une barre, qui s'etend au delà des yeux; cette barre noire eſt bordée de blanc, tant au-deſſus qu'au deſſous des yeux: il y a ſur le ſommet de la tête de longues plumes, qui ſe dreſſent en forme de hupe, ou s'abaiſſent, au gré de l'oiſeau: ſa tête & ſon cou ſont d'un noiſſette rougeâtre: l'eſtomach eſt preſque blanc: le ventre & les cuiſſes ſont d'un jaune pâle: les plumes qui couvrent le deſſus de la queüe ſont blanchâtres: le dos eſt d'un brun foncé: le croupion & les plumes qui couvrent le deſſus de la queüe ſont d'un gris cendré clair: le deſſus des ailes eſt cendré, mais les grandes pennes ſont plus foncées que les autres plumes, quoique les bords de leurs barbes extérieures ſoient d'un cendré clair: les trois pennes les plus intérieures de chaque aile, c'eſt à dire joig-nant le dos, ont les barbes intérieures blanches juſqu'au bout: il pend au bout de ſept ou huit des pennes du milieu de chaque aile, de petites maſſes plates, oblongues, d'une ſubſtance qui paróit de la conſiſtence & de la couleur de la cire rouge à cachetter: la queüe eſt d'un gris de cendre foncé, mais la pointe des plumes dont elle eſt com-poſée, eſt d'un jaune doré: les jambes, les pates, & les griffes ſont noires, & faites comme de coutume.

Mon digne ami Mr. Fothergill, M. D. m'a prêté cet oiſeau, qui étoit un ſujet parfaitement bien conditionné: il l'avoit fait venir de la Caroline. Cateſby en a donné la figure & la deſcription dans ſon Hiſtoire de la Caroline, tom. I. p. 46; mais comme il a diſpoſé ſa figure de manière à preſenter une aile étendüe il a caché le ventre jaune, qui en eſt une des principales beautés: c'eſt ce qui m'a engagé à donner cette deſcrip-tion & cette nouvelle figure, qui diffère un peu de la ſienne, tant par rapport du deſ-ſein qu'à l'egard des couleurs. Mon ami Mr. Brooke, Chirurgien en Maryland m'a dit, en voyant cet oiſeau, que les fémelles de cette eſpéce ne ſont pas ornées de ſi brillantes couleurs que les mâles, & qu'elles n'ont pas ces larmes rouges à l'extrémité des grandes plumes des ailes, qui ſout ſi remarquables dans les mâles: ainſi il m'a con-firmé dans la penſée ou j'étois que celui-ci en étoit un.

Le petit Convolvulus bleu, ajouté ici uniquement par voye de décoration, eſt cependant copié d'aprés nature, avec la dernière exactitude. La forme tant des feuil-les que des fleurs ſe conçoit mieux par l'empreinte, que par une deſcription verbale: la circonference extérieure de la fleur eſt bleüe, le milieu en eſt jaune, diſpoſé par rayons, en forme d'etoile: on en trouve de bonnes deſcriptions botaniques dans la plu-part de nos Recueils de Plantes quoiqu'à l'égard des figures, j'aye lieu de croire que j'ai corrigé la plûpart de celles qui me ſont paſſées par les mains.

TAB. XXXIII.
L'OISEAU BONANA MINOR.

La figure reprefente cet oifeau de fa grandeur naturelle; après l'avoir tiré de l'efprit de vin, & fait fécher modérément, il pefoit fept gros, ou fept huitièmes
d'once de notre poids commun.

Le bec eft affez gros vers la tête, un peu incliné, pointu, au bout, & d'une
couleur obfcure ou noirâtre, excepté la bafe de la machoire inférieure, qui eft couleur
de chair; le bec eft tout entouré de plumes noires, qui préfentent une barre fort étroite
fur le devant de la tête; cette barre va en s'elargiffant de chaque côté jufqu'aux yeux,
d'ou elle defcend fur la gorge, & y forme une tache d'un bon pouce de long: la téte avec une partie du cou eft d'un jaune verdâtre ou olive clair: & tout le corps deffus & deffous eft d'un jaune eclattant, auffi bien que les cuiffes haut & bas, & les plumes qui couvrent tant le deffus que le deffous de la quëue: les petites couvertures tant du
deffous que du deffus des ailes font auffi de la même couleur; mais les plumes de la
première rangée de couvertures ont pour la plufpart leurs barbes extérieures blanches,
ce qui forme une tache blanche fur le milieu de chaque aile: les pennes font noires,
excepté trois ou quatre des plus voifines du dos, qui ont leurs barbes extérieures bordées de blanc: il y a quelque mélange de noir parmi les plus petites des plumes, qui
couvrent l'aile vers la jointure ou le coude: le deffous des pennes eft d'une couleur
de cendre foncé, mais les bords de leurs barbes vers la racine font plus clairs: la quëue
eft compofée de douze plumes inégales en longueur, dont celles du milieu font les plus
longues, & les autres vont en racourciffant graduellement de chaque cote jufqu'à la der-
niere: les jambes, les pates & les ergots, font de la forme ordinaire: il y a trois doigts
devant & un derrière, le tout noir.

Cet oifeau eft originaire de l'ifle de la Jamaïque, d'où il avoit été apporté, avec
d'autres uriofités, par Mr. Patrik Browne, M. D. qui a eu la bonté de me le prêter
avec le nid, auffi bien que divers autres oifeaux, pour en tirer des deffeins. Je ne
trouve aucune defcription publiée, qui réponde exactement á cet oifeau: celles qui en
approchent le plus font celles de l'ICTERUS MINOR NIDUM SUSPENDENS
de Hans Sloane, V. Hist. Nat. de la Jamaique, tom. II. p. 300. pl. CCLVIII.
fig. 3. & de l'ICTERUS MINOR, ou Baltimore Bâtard de Catefby. His. Nat.
de la Caroline, tom. I. pag. 49; mais felon ces defcriptions; ils font l'un
& l'autre plus petits que notre Bonana, & un peu différents à l'égard du plumage: cependant je crois que ce font les mêmes oifeaux, ou du moins qu'ils font bien proches
parents: car le nid de celui-ci s'accorde à très peu de chofe près, avec la defcription
que le Chevalier Hans Sloane donne du fien, la voici: „Ils batiffent leur nid des tiges
„ou fibres intérieures de cette forte de Viscum, Herba Parasitica, mouffe, ou
„herbe, appellée Barbe de Vieillard, qu'ils entrelaffent artiftement enfemble, à l'ex-
„trémité de petites branches de grandes arbres, en forme de fac, comme ces filets que
„l'on fait pour être fufpendus, & c'eft dans ce fac qu'ils dépofent leurs oeufs, pour
„eviter les ferpents. &c. Ces tiges ou fils paffent vulgairement pour de crins de cheval,
„mais fans raifon.„ Le nid apporté avec l'oifeau, par Mr. Browne, femble au pre-
mieur coup d'oeil, fait de crin noir. Catefby a donné à fon Icterus Minor une fémelle,
qui me paroit appartenir plutôt à fon Baltimore de la planche précedente XLVIII. Il y a
un autre oifeau publié & décrit fous ce nom qu'on donne pour être de la Jamaique, quoiqu'au rapport de Mr. Browne ce foit un oifeau du continent de la Nouvelle Efpagne, qui
ne fe trouve point dans cette ifle. Voy. Albin. Hist. des Oiseaux, tom. I. p. 40. Catefby l'appelle dans fon Supplement p. 5. la Pie Noire & Jaune. Le Chevalier Hans
Sloane, l'a auffi Ibid. tom. II. p. 301. pl. 259. appellé la Pie Noire & Jaune. Cet oifeau différe du notre en ce qu'il eft un peu plus gros, qu'il a la tête toute noire, & le bec plus
long à proportion, & qu'il a une barre noire à travers le haut du dos. Mr. Ray, & le Chevalier Hans Sloane, donnent le Jupujuba ou Japu de Marggrave, pour le même que
l'Icterus Minor &c. Mais après avoir foigneufement comparé les defcriptions de ces
deux oifeaux, je n'y ai trouvé aucune reffemblance. Mr. Browne dit dans fon Hiftoire Naturelle de la Jamaique Pag. 477. que le Bonana minor batit fon nid des fibres du Renealmia.

TAB.

Avis Bonanæ minor, S. Icterus   Nº. 33. VII.ᵗᵉʳ Theil.   L' Oiſeau Bonana Minor.
minor nidum Suſpendens.

G. Edwards ad viv. delin.   J. M. Seligmann excudit.   Joh. Seb.tn Leitner sculp.
Cum Priv. Sac. Caes. Majestatis.

Picus jamaicensis.   No. 34. VIIter Theil.   Le Pivert de la jamaique.

Le PIVERT de la JAMAIQUE.

Cet oiseau est dessiné un peu plus petit que le naturel: l'aile étant fermée a cinq pouces de long: le bec, depuis la pointe jusqu'au coin de l'ouverture, est d'un pouce & demi: j'ai compté dix neuf grandes plumes à l'aile, & huit à la queuë, qui m'a paru entière, quoique Willughby assure, que les Piverts y en ont dix.

Ce Pivert a le bec droit, assez pointu & noir: il peut étendre sa langue à une distance assez considérable; elle est pointüe & dure au bout, propre à percer des insectes: le devant de la tête, tout autour de la base du bec, & par de là les yeux, est d'un blanc jaunâtre: le derrière de la tête & du col est d'un beau rouge écarlate: la gorge & l'estomach sont d'un olive roussâtre, qui devient graduellement d'un rouge terne sur le ventre, avec des raïes obscures transversales, sur le bas ventre & sur les cuisses: les plumes qui couvrent le dessous de la queuë sont marquées de barres transversales interrompües, obscures & blanchatres: le dos est noir, de même que le dessus des ailes, le croupion, & la queuë, avec des raïes étroites transversales, grises sur le dos, d'une couleur plus clair sur les ailes, plus larges & toutes blanches sur le croupion: les deux plumes extérieures de la queuë ont de taches blanches sur leurs barbes extérieures: les couvertures du dessous des ailes sont brunes & blanches, ce qui forme une espèce de mélange par petites raïes transversales: le dessous de la queuë & le dessous des pennes est d'une couleur de cendre très foncé; les barbes intérieures des pennes sont barriolées de blanc en travers: les jambes & les pates sont faites comme celles des autres Piverts, avec de fortes serres, le tout noir, ou d'un brun très obscur.

Cet oiseau fut apporté de l'Isle de la Jamaique, en 1753. par Mr. Patrick Browne, M. D. qui me l'a obligeamment prété pour le dessiner: c'est le même que le Chevalier Hans Sloane a décrit dans son Histoire Naturelle de la Jam. tom II. p. 299. pl. 255. fig. 2. & dont il a donné la figure: mais comme il avoit eu le malheur de s'adresser dans cette isle à un fort mauvais dessinateur, pour tirer ses oiseaux, les figures qu'il en a données sont fort défectueuses; c'est pourquoi j'ai jugé à propos de publier ce second dessin, qui s'accorde beaucoup mieux avec la fidelle description, que mon bon ami & protecteur a donné de cet oiseau. C'est ici le seul Pivert proprement ainsi nommé, qui ait été trouvé à la Jamaique par le Chevalier Hans Sloane, ou par M. Browne, qui a parcouru derniérement toute cette isle, pour en decouvrir les productions naturelles. Quoiqu'il y ait bon nombre de Piverts dans le continent de l'Amerique (Catesby en a décrit environ huit espéces différentes) celui qui approche le plus de ce Pivert de la Jamaique, quoiqu'il y ait un peu de différence, c'est son Pivert à ventre rouge, V. Catesby Hist. Nat. de la Caroline, tom. I. p. 19. Ceux qui souhaiteront de voir des observations très particuliéres sur les mouvements &c. de langue du Pivert, pourront consulter les Mémoires de l'Academie des Sciences de Paris, Année 1709. p. 85. pl. 3. ou l'abrégé de ces Mémoires en Anglois, par Martyn & Chambers Tom. III. p. 183. pl. 3. Les figures tant de l'original que de la traduction sont fort belles. On en trouve aussi une exposition anatomique dans les Transactions Philosophiques N. 350. On peut voir encore une figure de la tête & de la langue du Pivert dans l'Ornithologie de Willughby Pla. 21. La langue est construite précisément de la même manière dans tous les Piverts. Mr. Browne, que j'ai deja cité, a donné une description de cet oiseau dans son Histoire Naturelle de la Jamaique à Londres, 1756. fol. pag. 474. mais au lieu d'y en ajouter la figure, il s'est contenté de renvoyer ses lecteurs à mon Histoire Naturelle, comme il a fait à l'égard des figures de plusieurs autres oiseaux, qu'il a décrits.

Le PETIT MARTIN-PÊCHEUR VERT &
ORANGE; & le LEZARD BLEU.

Le Martin-pêcheur eſt repréſenté ici de ſa grandeur naturelle: il a la queuë un peu plus longue à proportion, que le Martin-pêcheur commun.

Le bec eſt d'une couleur obſcure, ou noirâtre, excepté la machoire inférieure qui eſt rougeâtre vers la tête: la gorge eſt orange; il y a auſſi une barre de la même couleur, qui part de la baſe du bec de chaque côté, & finit au deſſus des yeux: la tête, le derrière du cou, le dos, la queüe, & les plumes qui couvrent les ailes, ſont d'un beau vert de perroquet: une longe barre du même vert traverſe l'eſtomach; les côtés ſous les ailes, & les côtés du ventre ſont d'un orange vif tirant ſur le rouge: le milieu du ventre eſt blanc; les cuiſſes, & les plumes qui couvrent le deſſous de la queüe ſont blanches: la queüe a douze plumes, dont celles du milieu ſont un peu plus longues que les autres: les barbes intérieures de la queüe ſont tachetées de blanc: les plumes qui couvrent le deſſous des ailes, & les plumes des bords ſont d'un orange clair: les pennes ſont d'un brun obſcur ou noirâtre, tachetées de jaune rouſſâtre ſur leurs barbes extérieures & intérieures, excepté quelques unes des pennes du fouet de l'aile, qui n'ont point de taches: les jambes & les pates ſont petites; les doigts en ſont attachés les uns aux autres, comme dans tous les Martin-pêcheurs, & couleur de chair.

Cet oiſeau conſervé dans de l'eſprit de vin avoit été achetté à la vente des curioſités du cabinet du feu Duc de Richemond, par M. Charles Chauncy, M. D. qui me l'á prêté pour le deſſiner; mais nous n'avons pu découvrir d'ou il a été apporté.

Le Lezard Bleu eſt fort particulier, à cauſe de la ſtructure de ſes doigts, qui ont de petites membranes, qui s'etendent de chaque côté; non pas de la nature de celles que les oiſeaux aquatiques ont aux pates, mais plûtot comme certaines ſortes de mouches en ont, qui agiſſent par voye de ſuction: ainſi je conçois que ces membranes leur ſervent à ſe tenir, & a marcher ſur la ſurface unie des grandes feuilles des arbres & des plantes: il y a une petite elevation ſur le dos, en forme de ſillon, qui regne tout du long juſqu'à la queüe, ou elle devient dentelée: tout le deſſous du corps eſt bleuâtre, varié tranſverſalement de nuances plus claires & plus foncées: le deſſous en eſt d'une couleur de chair pâle.

Ce deſſein a été gravé ſur la planche immédiatement d'aprés nature, & de grandeur naturelle. Le Lezard avoit été apporté, conſervé dans l'eſprit de vin, de l'iſle de Nevis dans les Indes Occidentales, par un jeune homme, qui eſt venu ici pour ſon éducation, & qui m'en a fait préſent.

g. Edwards ad viv. delin.   J. M. Seligmann excudit.   Joh. Seb. Leitner sculps.
Cum Priv. Sac. Caes. Majestatis.

Ispida minor viridi aurantioque   N.º 35. VII.ter Theil. Le Petit Martin-Pêcheur verd et orange
colore varia Lacerta cærulea ex insula Nevis   et   Le Lezard Bleu.

G. Edwards ad viv. delin.   J. M. Seligmann excudit.   ... Schütz ... sculps.
Cum Priv. Suae Caes. Majestatis.

Attagen, L. verus Francolino Italorum. Nach VIIten Theil.   Le Francolin

Le FRANCOLIN.

La figure repréfente cet oifeau confidérablement plus petit qu'il n'eft naturellement, puis qu'il eft un peu plus gros que notre perdrix commune. Voici quelques unes de fes dimenfions : l'aile étant fermée avoit fix pouces de long ; la jambe depuis le genou jufqu'au bas du talon, ou jufqu'à la patte, avoit deux pouces & un quart; & le bec depuis la pointe jufqu'aux coins de l'ouverture avoit un peu plus d'un pouce.

Le bec eft noir, & fait à peu près comme celui d'une poule : les nafeaux font placés dans une petite éminence : la langue & le dedans du bec font couleur de chair : les iris des yeux font noifette : la téte eft couverte de plumes noires, excepté une tache blanche fous chaque oeil, un peu de mélange de rouge fur le fommet, & quelques petites taches blanches, qui commencent au deffus des yeux, & vont fe joindre derrière la téte : les plumes d'autour du cou font d'une couleur d'orange tirant fur le rouge : au deffous de ce colier, les plumes font noires tout autour du cou, & marquettées de petites taches rondes, par derrière, entre le cou & le dos : l'eftomach & le ventre font noirs, marquetés de chaque côté de taches rondes, blanches, & très régulières : il y a auffi des taches de la même couleur fur les cuiffes, mais elles y font moins réguliéres & melées d'une nuance de rouge : les plumes qui couvrent le deffous de la queüe font entièrement d'une couleur d'orange rougeâtre : le dos eft couvert de plumes, qui font noires dans le milieu, & bordées de brun rougeâtre, ou couleur de canelle vif; celles des côtés du dos, qui tombent en partie fur les ailes, ont le noir, & le canelle, mais plus clair, enclavés l'un dans l'autre, en forme de dentelure. Les ailes, tant les pennes que les plumes qui les couvrent, font rembruniës, & marquetée réguliérement de taches gris blanc : la couleur du deffous des ailes eft la même que celle du deffus, excepté que les marques y font moins réguliéres & y forment des raiës tranfverfales : le bas du dos & le croupion font couverts de plumes variées de noir & de blanc, ce qui produit des barres étroites tranfverfales : les plumes de la queüe font marquées de la même manière, ecxepté qu'elles font tout noires au bout, environ d'un pouce de long : les jambes & les pattes font couvertes d'écailles du rouge ordinaire des celles des pigeons ; les trois orteils de devant font liées vers la racine par des membranes ; les ergots font couleur de corne. Je crois que ce fujet etoit mâle parce qu'il avoit des éperons,

Cet oifeau avoit été apporté vivant en Angleterre, de l'isle de Chipre, dans la Mer mediterranée, & l'on en avoit fait préfent à Mr. Jacques Leman, qui me l'a prêté, pour le deffiner : il eft vrai, qu'alors il étoit mort, mais il étoit fi frais, que les yeux & les pattes avoient encore leurs vives couleurs. Mr. Willughby a donné une defcription du Francolin dans fon Ornithologie ; mais le fien paroit tout à fait différent du mien, que je crois étre véritablement & proprement celui que les Italiens appellent Francolin. Olina a dans fon livre de la Nature des Oifeaux, Rome 1622. pag. 33. donné la Figure d'un Francolin ; mais à tout prendre, c'eft encore un oifeau différent de celui que je donne ici. Tournefort, dans fon Voyage au Levant, a placé vis - a - vis de fes defcriptions des oifeaux de l'ifle de Samos, la vraie figure de l'oifeau que je viens de décrire, qu'il nomme au bas de l'eftampe, LE FRANCOLIN SORTE D'OISFAU QUI FREQUENTE LES MARAIS, quoiqu'il n'ait pas dit un mot de cela dans fa defcription : il y parle fimplement du coq de bruyère, qu'on appelle perdrix de prairie. VOYAGE AU LEVANT, tom. II. p. 97. Je crois cependant qu'on doit prendre l'oifeau qu'il a repréfenté, pour un fujet de l'efpéce dont il eft ici queftion. Ce méme Francolin fe trouve auffi à Bengale dans les grandes Indes, car il eft très exactement repréfenté dans un recueil de deffeins tirés d'après nature dans le pays méme à la requifition de feu M. Mead M. D. & qui lui avoient été envoyés à Londres, plus de vingt ans avant fa mort, par un ami qu'il avoit aux Indes. La figure de Tournefort eft la feule, que je fache, qui ait été publiée de cet oifeau ; mais comme il ne l'a pas accompagnée d'une defcription, on peut regarder celle - ci comme la première hiftoire du Francolin.

TAB. XXXVII.

La CAILLE de la CHINE, & le LEZARD de GUERNESEY.

Cet oiseau est représenté ici de sa grosseur naturelle, il a été gravé sur la planche immédiatement d'après nature, je crois que c'est le mâle.

Le bec est noir : le devant de la tête, l'estomach, les côtés & le dessous des ailes sont d'une couleur de cendre bleuâtre : le ventre, les cuisses, & les plumes de couverture du dessous de la queue sont d'un canelle vif tirant sur le rouge : les plumes de la queue qui sont cachées sous leurs couvertures, sont de la même couleur : il y a le long du milieu du ventre une barre d'un blanc obscur : les côtés de l'estomach sont mouchetés de noir : la gorge, au dessous du bec a une grande marque noire entourée de blanc ; & en dehors de ce blanc il part deux barres noires sçavoir une de chaque côté du bec, qui viennent se joindre sur le bas de la gorge & y forment une espèce de croissant noir, les pointes en haut, ce que la figure exprime mieux, qu'aucune description : le derrière de la tête & le cou, le dos, les ailes, & les couvertures de la queue sont brunes : le milieu des plumes du dos & du croupion, est d'un brun vif, ou orangé, avec des lignes noires de chaque côté, & quelque peu de noir parsemé dans les espaces intermédiaires. Les plumes des ailes ou pennes sont aussi barrées irréguliérement de lignes brunes transversales : les jambes & les pattes sont comme celles de la Caille commune, d'un jaune orange clair.

Cette Caille diffère de la nôtre, principalement, par la grosseur, n'étant pas plus de la moitié aussi grosse ; par les marques noires qu'elle a sur la gorge, & par la rougeur du ventre. Celle-ci avoit été apportée en vie de Nanquin dans la Chine, par un Capitaine de vaisseau au service de la Compagnie des Indes qui en avoit fait présent à Mr. Leman au Collége des Médecins à Londres. Après qu'elle fut morte, Mr. Leman la fit mettre dans une chasse de verre très propre, & il me l'a pretée pour la dessiner. Le Capitaine, qui la lui a procurée, lui a dit qu'à la Chine on instruit ces oiseaux à se battre l'un contre l'autre, & qu'il s'y fait à ce sujet des gageures très considérables, en faveur du victorieux, à la manière de nos Anglois, qui font battre des coqs les uns contre les autres. Je crois que c'est ici la première fois qu'on a donné la figure & la description de cette Caille Chinoise. Les Chinois ont aussi la Caille commune dans leur pays, qui est la même que nous avons en Europe, comme il paroit evidemment par leurs tableaux.

Le LEZARD de GUERNESEY est dessiné de sa grandeur naturelle : le dessus est brun tacheté de noir avec deux barres de brun plus foncé, une de chaque coté du dos, qui s'étendent d'un bout à l'autre : le ventre est vert marqueté de petites taches noirâtres. Celui-ci etoit mâle : la femelle en diffère en ce qu'elle a le ventre d'un jaune clair, moucheté de petites taches obscures.

J'ai eu une couple de ces Lezards d'un homme qui fait métier de prendre des vipères. Il me dit qu'il les avoit attrapés sur la Montagne de S. George, près de Cobham en Surrey ; & il m'assura qu'ils provenoient de quelques uns de la même espèce, qu'un particulier y avoit apportés, il y a quelques années de l'isle de Guernesey, & qui s'y étoient multipliés.

TAB. XXXVIII.

Le COQ de BRUYERE à FRAISE.

Cet oiseau tient le milieu pour la grosseur entre le faisan & la perdrix. L'echelle dont on s'est servi pour le dessiner est de douze pouces repartis sur dix de notre pied ordinaire ; ce qui réduit l'oiseau à la moitié de sa grosseur naturelle.

Le bec ressemble à celui d'une poule, & est d'une couleur de corne brunâtre ; les plumes qui sont à la base de la partie supérieure se rabattent en devant sur les naseaux, & les couvrent : celles du sommet de la tête sont assez longues ; & je crois qu'elles s'élèvent en forme de hupe, & s'abaissent au gré de l'oiseau : il a aussi de longues plumes sur le cou, qu'il peut tout de même relever en forme de fraise, ou coucher, comme il lui plait, ce qui m'a engagé à le caractériser dans le titre, par cette proprieté : il a la tête, le cou, le dos, les ailes & la queue émaillées d'une manière charmante de diverses sortes de bruns plus ou moins clairs, avec un melange de noir. L'extremité de la queue est couleur de cendre, joignant quoi, il y a une grande barre noir, qui passe d'un côté à l'autre : le dessous de la queue est marqué & coloré comme le dessus, à la reserve que les couleurs en sont moins vives : les plumes qui couvrent le dessous des ailes, sont grises & blanches : la gorge est d'un brun éclattant tirant sur l'orange ; l'estomach, le ventre, & les cuisses sont blancs, avec une nuance d'orange pâle, & quelques taches noires en forme de croissant, sur l'estomach & sur les côtés : les couvertures du dessous de la queue sont d'un orange pâle & effacé avec des taches blanches : les jambes sont revetuës, jusqu'aux pattes, de plumes blanches, qui ressemblent à du poil : les pattes ont chacune quatre orteils couleur de chair, placés comme à l'ordinaire : les orteils sont dentelés aux côtés, & attachés ensemble vers le bas, par des membranes.

Cet

Coturnix Chinensis.
Lacerta ex insula Sarnia.

N. 37. VIIter Theil.   La Caille de la Chine, et la Lezard
de Guernesey.

45

Cet oiseau été envoyé à M. P. Colinson, Membre de la S. R. par M. J. Bartram de Pensilvanie, où on l'appelle Faisan. Mr. Bartram l'avoit accompagné d'un memoire très curieux inseré dans la lettre, qu'il écrivoit à Mr. Colinson, qui m'a permis d'en prendre la copie, dont on voici la teneur:

„ Cet oiseau est magnifique quand il deploye toutes ses graces; c'est à dire, quand „ il etend sa queüe comme un coq d'Inde, & qu'il releve en forme de fraise le cercle „ de plumes, qu'il a autour du cou, marchant majeustueusement d'un pas uniforme, „ & faisant un bruit semblable en quelque sorte à celui du coq d'Inde : c'est alors que „ le chasseur doit le tirer sans perdre de temps, car il s'envole à l'instant même, à trois „ ou quatre cents pas, avant que de se poser à terre. Il y a quelque chose de fort re- „ marquable dans ce que nous appellons le tapage que ces oiseaux font avec leurs ailes, „ en s'en frappant les côtés, comme disent les chasseurs. Ils se tiennent sur le tronc „ d'un viel arbre tombé & couché par terre depuis longtems : là ils commencent à se „ frapper graduellemet, à peu près du deux en deux secondes, répétant les coups de „ plus vite en plus vite, jusqu'à ce qu'ils fassent un bruit semblable au tonnere etendu „ de loin, qui depuis le commencement jusqu'à la fin dure environ une minute. Alors „ ils cessent pendant environ sept où huit minutes avant que de recommancer. Ce bruit „ se fait entendre de près d'un demi mille, & les fait decouvrir par les chasseurs, qui „ par ce moyen en tuent un grand nombre. J'en ai tué plusieurs dans cette position; „ mais je n'en ai jamais vû faire leur tapage, parce qu'ils m'ont presque toujours ap- „ perçu les premiers, ce qui les fait cesser d'abord. Ils s'exercent d'ordinaire à faire „ ce bruit au printemps, & en automne, vers le neuf ou dix heures du matin, & sur les „ quatre à cinq heures du soir. Ils se nourissent principalement de bayes ou petits fruits, „ & de grains qui se trouvent dans le pays: leur chair est blanche & fait un mets ex- „ quis. Je crois qu'ils ne couvent qu'une fois l'anné au printemps, & qu'ils amenent „ douze ou quatorze petits à la fois. Toute la couvée forme une compagnie, qui ne se se- „ pare qu'au printemps de l'année suivante. Plusieurs personnes ont essayé d'elever les „ petits, & de les apprivoiser, mais ils n'ont pu y réussir: quand on les fait eclorre sous „ une poule, ils s'enfuyent dans les bois presqu'aussi tôt qu'ils sont éclos, & ils y trou- „ vent moyen de subsister, ou ils y perissent. La lettre d'ou cet extrait a été tiré etoit „ datée de Pensilvanie, le 15. Juillet. 1750.

Dans le dessein d'elaircir d'avantage l'histoire de cet oiseau, j'écrivis à Mr. Brooke de Maryland, dans l'Amerique Septentrionale, mais actuellement à Londres, (Mai 1752) pour le prier de vouloir bien me donner toutes les lumières qu'il pourroit, touchant, l'oiseau, qu'on appèlle Faisan, dans les provinces de Pensilvanie, Maryland, &c. & il eut la bonté de me repondre d'une manière satisfaisante, par une lettre de laquelle j'ai fait l'extrait suivant, en ce qui regarde le Coq de Bruyère à fraise, ou le Faisan:

„ Le Faisan se multiplie dans toute la province de Maryland, excepté quelques en- „ droits de la côte orientale. Ils déposent leurs oeufs dans des nids, qu'ils font de feuil- „ les, ou à coté du tronc d'un arbre couché par terre, où près des racines de ceux qui „ sont debout. Ils pondent douze à seizes oeufs, le printems est la saison où ils couvent, „ mais je ne sçaurois dire combien de terms les petits sont à eclore, mais c'est probable- „ ment trois semaines, qui est le temps que couvent nos poules communes. J'ai decou- „ vert de leurs nids, etant petit garçon, & j'ai taché de prendre la mére, mais je n'ai „ jamais pu y reussir; elle me laissoit mettre la main présque sur elle, avant que de quit- „ ter son nid, & puis elle avoit l'adresse de m'eloigner de ses oeufs, en voltigeant dou- „ cement devant moi à une distance de plus de cent pas, & me laissant toujours dans „ l'esperance de la saisir. Les petits abandonnent leur nid des qu'ils sont éclos, & je „ crois qu'ils vivent d'abord de fourmis, de petits vers &c. Au bout de quelques jours, „ ils se cachent si finement parmi les feuilles, qu'il est presque impossible de les trouver. „ A mesure qu'ils croissent, ils se nourissent de diverses bayes, de petits fruits, & de „ grains du pays. Ils aiment aussi à se nourrir de raisin dans la saison; mais le Faisan „ est friand, sur toutes choses, de bayes de lierre: je ne sache aucune autre animal, „ qui en mange, mais je sçais qu'elles font un poison pour plusieurs. Quoique ce Fai- „ san amene plusieurs petits à la fois, & qui couve souvent deux fois l'année, le grand „ nombre de faucons de diverses sortes, qui se trouvent en Maryland, & qui les man- „ gent, les empéchent de se multiplier promptement. Le battement du Faisan, come nous „ l'appellons, est un bruit que le mâle fait, principalement au printems; on peu l'en- „ tendre distinctement d'un millé, dans un temps calme. Ils enflent leur jabot comme „ certains pigeons, & ils se frappent de leurs ailes, ce qui fait un bruit qui ne ressem- „ ble pas mal à celui d'un tambour: mais le Faisan racourcit chaque note bruyante, jus- „ qu'à ce qu'elles se confondent indistinctement l'une dans l'autre, comme quand on „ frappe deux bouteilles vuides l'une contre l'autre. „

Afin de perfectionner l'histoire de cet oiseau, autant que j'en suis capable, je ci- terai un endroit du Voyage Septentrionale publiée en Anglois Tom. I. pag 6. où il parle d'un oiseau qui se trouve auprés des lacs du Canada, & qui à ce que je crois, ne sçauroit être que celui qu'on vient de décrire, quoique les noms ne se ressemblent pas. „ Je sortis, dit la Hontan, avec quelques Canadois, pour voir un oiseau battre de „ ailes: j'avoüe que c'est une chose à voir de plus curieuses qu'il ait au monde; car „ leur battement fait un bruit fort semblable à celui d'un tambour, durant environ une „ minute: alors ce bruit cessa pendant un demi quart d'heure, après quoi il recommen- „ ce. Nous fûmes conduits par ce bruit à l'endroit où étoient les infortunées Poules d'eau;

nous

„nous les trouvâmes fur des arbres pourris & couverts de mouffe. C'eft pour appel-
„ler leur fémelle, qu'ils frappent leurs ailes l'une contre l'autre, & le bruit fourd
„qui s'en fuit peut fe faire entendre d'un demi-quart de lieuë. Ils ne font ce bruit
„qu'aux mois d'Avril, de Mai, de Septembre, & d'Octobre; & ce qui eft très remar-
„quable, c'eft que cette Poule d'eau ne bat jamais les ailes, de cette manière, que
„quand elle eft fur un arbre. Elle commença à la pointe du jour, & finit fur les neuf
„heures du matin, jufqu'à environ une heure avant que le foleil fe couche; alors elle
„recommence fon battement jufqu'à la nuit.„

Il me femble que ces détails donnés les deux premiers par deux témoins vivants
& irreprochables, & l'autre par un auteur fort eftimé, qui n'ont eu aucune communi-
cation les uns avec les autres, doivent certifier la verité de ces remarques. Elles ca-
drent autant qu'on peut raifonnablement le fouhaiter, venant de diverfes perfonnes. Je
crois que c'eft ici la premiere-fois que l'oifeau ci-deffus mentionné a été repréfenté ou decrit.

TAB. XXXIX.
Le PETIT COQ DE BRUYERE AUX DEUX AIGUILLES à la QUEUË.

La figure de cet oifeau eft plus petite que le naturel: il eft environ de la groffeur
d'une perdrix, quoiqu'à l'egard de la taille, il ait plus l'apparence d'un pigeon,
par la longueur des ailes, qui ont près de huit pouces de long, étant fermées;
au lieu que celles de la perdrix grife n'en ont que fix: c'eft ici le mâle.

Le bec eft d'un brun couleur de corne, très foncé vers la pointe, & affez femblable au bec de notre volaille commune. Les nafeaux font placés à la bafe de la machoire fupérieure, tout joignant les plumes du devant de la tête. Le deffus de la tête
eft d'un gris cendré; mais les côtés, tant au tour qu'au deffous des yeux, en font teints
d'orange. Il y a une barre noir au deffus des yeux: la gorge eft noire auffi, depuis le
bec tirant en bas, de la longueur d'un bon pouce, comme celle du moineau mâle. Il y
a par devant, fur le bas du cou, & fur le commencement de l'eftomach, une grande
marque couleur d'orange, en forme de demi-lune bordée au deffus & au deffous de barres
noires affez étroites: les pointes de ce croiffant font tournées en haut vers le derrière du
cou: le refte de l'eftomach eft blanc auffi bien que le ventre, les cuiffes, le devant des
jambes, & le deffous de la queuë, quoique la partie duveteufe des plumes vers la chair
foit noirâtre, & que les couvertures du deffous de la queuë foient melées à l'exterieur
d'un peu de noir & de brun rougeâtre: le derrière du cou eft de même que le dos, couvert de plumes brunâtres, ayant les extrémités plus jaunâtres & plus claires, & le milieu
obfcurci par des lignes tranfverfales noirâtres: le croupion & le deffus de la queuë font
marqués plus réguliérement de barres tranfverfales noires & oranges: les plumes de chaque
côté de la queuë font blanches à la pointe, & elles vont en racourciffant de côté &
d'autre jufqu'à la dernière: les deux plumes du milieu font confiderablement plus longues
que le refte, & plus étroites encore que la figure ne les repréfente; elles font noirâtres:
les couvertures des ailes font variées magnifiquement de lignes courbes couleur d'or &
de caffé, ayant les pointes blanches: les pennes qui joignent le dos font de la même couleur,
les autres pennes font couleur de cendre foncé, & deviennent graduellement noires à la
pointe: les côtés fous les ailes font blancs, auffi bien que les plumes qui couvrent le deffous des ailes mêmes: le devant des jambes eft revêtu de plumes blanches femblables à du
poil: les pattes font nuës, & d'un gris cendré: les trois orteils de devant font joints enfemble, vers le bas, par des membranes, comme dans plufieurs autres oifeaux: l'orteil
de derrière eft fort petit.

Il y a dans le Cabinet Brittannique un très beau deffein de cet oifeau, auffi grand
que le naturel, & placé dans un cadre. Le fujet d'après lequel j'ai deffiné celui-ci eft
defeché & très bien confervé: il a été apporté d'Alep par Mr. Ruffel M. D. qui y a refi-
dé plufieurs années, & qui depuis fon retour à Londres a publié fes obfervations fur ce
pays, & les a accompagnées des figures de plufieurs oifeaux, & entre autre de celui
ci. Ce Medecin m'a permis de faire cette empreinte, auffi bien que quelques autres,
d'après des oifeaux réels qu'il a par devers lui. Celui ci s'appelle Kata en Turc. M. Ruffel dit, que la fémelle eft de la même groffeur, mais qu'elle diffère du mâle par fes
couleurs, qui font moins belles, & par les deux plumes pointuës du milieu de la queuë,
qui ne font bas tout-à-fait fi longues. On trouve de ces oifeaux durant prefque toute
l'année, dans des deferts, qui ne font pas fort eloignées d'Alep; mais aux mois de Mai
& Juin ils s'approchent de la ville, parceque dans ces mois-là, ils y trouvent beaucoup plus d'eau que dans les deferts: il s'en prend un nombre prodigieux dans cette
faifon, & ils fe vendent à très bon marché à Alep. M. Shaw, dans fon voyage en Barbarie, pag. 253. a donné une affez mauvaife figure, & une defcription fort concife de
cet oifeau (à ce que je crois) quoiqu'il ne lui donne que trois orteils; car je fuppofe
que le petit orteil lui a été échappé étant caché fous les plumes, qui couvrent les jambes: il l'appellé Kittawia fur la planche, & Kittawiah dans la defcription. Ceux qui
voudront prendre la peine de comparer la defcription de M. Shaw avec la mienne pourront le confulter. Je crois que M. Ruffel eft le premier qui ait donné une bonne hiftoire de
cet oifeau.

TAB.

G. Edwards ad viv. delin.   J. M. Seligmann excudit.   Joh. Seligm. Ritter fecit.
Cum Priv. Sac. Caes. Majestatis.

Lagopus minor, S. Kata ex Aleppo, N°.39. VII.ter Theil.   Le Petit Coq de Bruyere aus deu[x]
cauda duabus plumis elongata.   aiguilles à la queue

J. Edwards ad viv. delin.   J. M. Seligmann excudit.   Joh. Schuster Zeisar sculps.
Cum Priv. sac. caes. Majestatis.

Otis Bengalensis, ibi Churge dictus. N.º 40. VII.ter Theil.   L'Outarde des Indes

L'OUTARDE des INDES.

Cet oiſeau eſt d'environ vingt pouces de haut, ſelon l'attitude ou la poſition dans laquelle il eſt ici repreſenté: il eſt plus menu, & a les jambes plus longues à proportion, qu'aucun autre oiſeau de cette eſpèce, que j'aye vû.

Le bec, qu'il a plus long que notre Outarde Angloiſe, eſt blanchâtre: les yeux ſont grandes, & couleur de noiſette: les paupiéres en ſont couleur de cendre; les côtés de la tête, tout autour des yeux, ſont d'un canelle clair: le ſommet de la tête, auſſi bien que le cou tout entier eſt couvert de plumes noires, qui ſont aſſez dégagées , & dont la pointe eſt étroite: le dos, le croupion & la queuë ſont d'un brun eclattant: les plumes de deſſus le dos ſont noires au milieu, & parſemées de la même couleur aux endroits bruns: la queuë eſt traverſée de barres noires, & les barres brunes intermediaries d'entre deux ſont auſſi parſemées de noir: le brun marqueté de noir du milieu du dos vient paſſer tout autour, & juſques ſur le devant de la partie inférieure du cou: toutes les couvertures des ailes ſont blanches, excepté les plus petites des environs du coude ou de la jointure, qui ſont bordées de noir: les pennes joignant le dos ſont griſâtres avec des taches noires: les pennes du milieu ſont blanches, avec des barbes tranſverſales noires, le blanc étant parſemé de la même couleur: les plus longues pennes, c'eſt à dire les extérieures, ont leurs barbes extérieures blanches, devenant graduellement à l'extrémité d'une couleur de cendre obſcur: tout le deſſous de l'oiſeau, depuis la barre tranſverſale brune du haut de l'eſtomach juſqu'aux plumes qui couvrent le deſſous de la queuë, eſt revêtu de plumes noires: les jambes ſont longues, & les orteils courts à proportion : le bas de la cuiſſe eſt denué de plumes juſqu'à une diſtance conſidérable depuis le genou: il n'y a que trois orteils, tout trois en devant, comme dans tous les oiſeaux de ce genre: les jambes & les pattes ſont revetuës d'ecailles blanchâtres : les ergots ſont obſcurs.

Cet oiſeau eſt originaire de Bengale dans les grandes Indes, où on l'appelle Churge. La figure ci - jointe a été tiré d'aprés un deſſein du cabinet de feu M. Mead, Medecin du Roi; c'eſt la ſeule figure que j'aye hazardé d'inſerer dans cette hiſtoire, ſans avoir vû le ſujet même en nature, ou du moins ſes principales parties. Je crois que cette figure eſt auſſi fidéle, que ſi je l'euſſe faite moi même d'aprés nature: elle a été tirée par les ſoins de M. Cole, qui demeuroit ſur les lieux, & qui avoit des obligations particulieres à M. Mead. Ce fut en reconnoiſſance des faveurs, qu'il avoit reçuës de ce Medecin, qu'il lui envoya une vingtaine de deſſeins de différents oiſeaux de ce pays-là, avec aſſurance qu'ils avoient été tirés correctement d'aprés nature. Je crois que juſques ici l'on n'avoit point encore eu de relation de cet oiſeau, quoiqu'il paroiſſe être du nombre de ceux, qui devroient les premiers attirer l'attention des perſonnes curieuſes.

TAB. XLI.
LE PETITE OUTARDE.

La figure repréſente cet oiſeau deſſiné ſelon une échelle d'environ douze pouces reduits à ſix de notre meſure: il paroit être à peu - prés de la groſſeur d un fai-ſan, mais il eſt préciſement de l'eſpéce des Outardes. Willughby l'appelle le Canard de terre.

Le bec eſt couleur de chair au haut contre la téte, & noir à la pointe: le der-rière du cou, le dos, & les couvertures des ailes ſont d'un brun canelle clair, avec des taches ou marques noires, irréguliéres & interrompuës: la gorge eſt blanche immé-diatement au deſſous du bec: le devant du cou eſt d'un brun clair mélangé d'obſcur: les couvertures du deſſous des ailes ſont blanches: les côtés mémes des ailes ſont de la même couleur: les pennes extérieures ſont blanches au bas, & noires à la pointe; cel-les qui ſuivent ſont blanches, avec un leger mélange de noir: les intérieures, c'eſt. à-dire celles qui joignent le dos, ſont brunes, avec des taches noires tranſverſales, com-me ſur le dos: l'eſtomach, & les côtés ſont blancs avec des taches noires: le ventre eſt, de méme que les cuiſſes, tout-à-fait blanc: le croupion, & les plumes qui cou-vrent le deſſous de la queüe ſont d'un blanc moucheté d'un peu de noir: les plumes de la queüe ſont brunes, parſemées de petites taches foncées, & croiſées de grandes barres noirés: le duvet de deſſous les plumes eſt couleur de roſe, comme dans la gran-de Outarde: les cuiſſes ſont denuées de plumes un peu au deſſus du genou: les pattes n'ont que trois orteils, tous trois en avant: les jambes & les pattes ſont couvértes d'écailles d'un jaune obſcur: les doigts ſont attachées un peu vers le bas, par une peau qui les joint enſemble.

Cet oiſeau avoit été pris dans la province de Cornouaille, & fut préſenté à la Société Royale à Londres, en 1751; mais comme il arriva qu'il ne ſe trouva perſon-ne alors parmi les membres préſents, qui le connût, la Société jugea à propos de me députer un officier, pour m'en demander mon ſentiment: j'écrivis à ces Meſſieurs la réponſe la plus exaćte qu'il me fut poſſible, contenant un detail circonſtanoié de cet oiſeau: j'y ajouta une courte hiſtoire d'un Coq de Bruyere très rare, qui ſe trouve en Penſilvanie, ou on l'appelle Faiſan, & que la Société a jugé à propos de publier dans les Tranſaćtions Philoſophiques pour l'année 1754. On n'a point encore découvert que cet oiſeau ſoit de cet isle, puiſque les auteurs qui en ont parlé juſqu'à préſent, l'ont relegué en France. Bellon l'appelle dans ſon Hiſt. des Oiſeaux pag. 237. 238. Canne Petiére: pluſieurs nouveaux auteurs l'ont décrit après lui: quoiqu'il en ſoit, com-me cet oiſeau a été pris dans notre pays, je n'ai pas volu manquer l'occaſion de le deſſiner & le décrire de nouveau, d'après nature immediatement, parce que ceux que je trouve dans les hiſtoires précedentes ne ſont pas auſſi correćts qu'il ſeroit à ſouhai-ter, & que l'Hiſtoire Naturelle ne ſçauroit étre trop exaćte. Ceux qui voudront bien ſe donner la peine de confronter ma deſcription & ma figure avec celles de ces au-teurs, y trouveront quelque peu de différence, mais ſuffiſamment à ce que je crois pour montrer que j'ai été un peu plus exaćte que ceux qui en ont écrit avant moi. M. T. Shaw dans ſes Voyages en Barbarie & au Levant, V. SHAW's TRAVELS &c. p. 252. a donné la figure & la deſcription de cet oiſeau, que les Barbares appellent Rhaad, ou Saf-Saf; Rhaad, en langue du pays ſignifie le tonnerre, & l'on ſuppoſe que ce nom à été donné à cet oiſeau à cauſe du bruit qu'il fait en s'elevant de terre: com-me l'autre nom exprime fort naturellement le bruit, qu'il fait en battant l'air avec ſes ailes, quand il eſt en plein vol.

TAB.

G. Edwards ad viv. delin.

I. M. Seligmann excudit.
Cum Priv. Sac. Cæs. Majestatis.

Joh. Sebast. Leitner sculps.

Otis minor. Anas campestr. f.   N⁰ 41. VIIᵗᵉʳ Theil.   Le Petite Outarde
Tetrax Authorum.

La GRIVE COURONNÉE D'OR, & la MOU-CHEROLLE BLEUÈ.

Ces oiseaux sont tous deux dessinés de leur grandeur naturelle. Je juge par la forme de leurs becs, qu'ils doivent se nourrir de mouches, & d'autres insectes, ou de bayes & fruits tendres.

La figure inférieure de la planche représente la Grive: son bec est d'un brun obscur, excepté la base de la machoire inférieure, qui est couleur de chair: le dessus de la téte est d'un beau couleur d'or: une ligne noire passe au dessus de chaque oeil: le derrière du cou, les ailes, & la queüe sont par tout d'un brun verdâtre, ou couleur d'olive: les plumes qui couvrent le dessous des ailes sont blanchâtres: le dessous des pennes & le dessous de la queüe sont couleur de cendre: la gorge, l'estomach, & les côtés sont blancs, avec des taches noires longuettes le long du milieu des plumes: le milieu du ventre est blanc: les cuisses, & les plumes qui couvrent le dessous de la queüe sont aussi tout-à-fait blanches: les jambes & les pattes sont comme à l'ordinaire, & d'un brun jaunâtre.

La Moucherolle Bleuë est représentée par la figure supérieure de la planche: son bec est noir: le sommet de la téte, le derrière du cou, le dos, le croupion, & les plumes qui couvrent les ailes sont d'un bleu tirant sur l'ardoise: la queüe & les pennes, ou les grandes plumes des ailes, sont obscures ou noirâtres: les pennes extérieures sont blanches au bas vers la racine; les plumes qui couvrent les dessous des ailes sont blanchâtres: la gorge & les côtés de la téte sont noirs, & ce noir descend de chaque côté du cou, jusques sous les ailes: l'estomach est tout blanc, aussi bien que le ventre, les cuisses, & les plumes qui couvrent le dessous de la queüe: les jambes & les pattes sont comme à l'ordinaire & d'un brun obscur.

Ces oiseaux furent pris sur mer, au mois de Novembre 1751, par feu Mr. Stack, Medecin, & Membre de la S. R. dans son voyage à la Jamaïque, le vaisseau où il étoit étant dans un calme, à environ huit ou dix lieues d'Hispaniola, & il m'en a fait présent aussi bien que de plusieurs autres: je crois que ni l'un ni l'autre de ces deux oiseaux n'avoit encore été ni dessiné, ni décrit: je les prends pour des oiseaux de passage, qui quittoient le continent de l'Amerique Septentrionale, pour aller résider durant l'hiver, dans les isles chaudes d'entre le tropiques. Le Cap de la Floride paroit avantageusement placé par la Providence, pour favoriser le passage des oiseaux, du coté occidentale du grand continent de l'Amerique Septentrionale, aux isles d'Hispaniola, de Cuba, de la Jamaique, & à toutes les autres isles Caribées, jusqu'aux côtés les plus septentrionales de l'Amerique Meridionale. On peut supposer que les oiseaux des bords orientaux de l'Amerique Septentrionale passent vers le sud-est, par l'isthme de Panana.

Depuis que j'ai couché par écrit ces deux descriptions, j'ai reçus deux de ces mêmes oiseaux de mon bon ami M. G. Bartram de Pensilvanie; ce qui me conforme dans l'idée où je suis que ce sont des oiseaux de passage: car il dit qu'ils arrivent là en Avril, & qu'ils y demeurent tout l'été; il ajoute que la Grive couronnée d'or bâtit son nid à terre, & qu'elle choisit toujours la côte méridionale d'une montagne; qu'elle fait un creux dans des feuilles, comme un petit four, qu'elle le double d'herbe séche, & qu'elle y pond cinq oeufs blancs mouchetés de brun. J'ai reçu de M. Bartram, outre ces oiseaux-ci & quelques autres la petite Grive dessinée & décrite par Catesby, mais celle-ci dont je donne la figure est encore moins grosse: c'est la plus petite, que l'on connoisse jusques-ici du genre Grive. V. Hist. de la Carol. tom. I. pag. 31.

TAB. XLIII.

La MOUCHEROLLE OLIVE & le PAPIL-
LON JAUNE.

L'Oifeau & le Papillon ont été gravés tous deux fur la planche, immédiatement d'après nature, & y font repréfentés de grandeur naturelle.

La Moucherolle a le bec menu, mais cependant un peu plus gros & plus fort, que ne l'ont quelques oifeaux de cette famille: la pointe de la machoire fupérieure fe recourbe par deffus l'inférieure, & pend un peu plus bas; le deffus du bec eft d'un brun obfcur, & le deffous incline vers la couleur de chair: une barre brunâtre paffe depuis le bec au travers des yeux, au deffous desquels il y a une barre blanchâtre: le fommet de la tête, le deffus du cou, tout le dos, les ailes, & la queuë font d'un vert brunâtre ou d'un olive foncé: le deffous de l'oifeau, depuis le bec, jufqu'aux plumes qui couvrent le deffous de la queuë, eft partout blanchâtre, un peu nuancé d'olive clair: les couvertures du deffous des ailes & les côtés des ailes mêmes font blanchâtres: le deffous des pennes, & le deffous de la queuë eft couleur de cendre, les barbes intérieures des plumes étant bordées de blanc: les jambes & les pattes font faites comme celles de la plupart des autres petits oifeaux: la couleur en eft noirâtre, ou rembrunie.

Le Papillon a la tête rougeâtre, le corps brun & les ailes partout d'un janne éclattant, bordé irréguliérement de noir: le deffous des ailes & du corps eft tout-à-fait jaune. J'ai ce Papillon parmi mes autres curiofités: il étoit venu de la Chine, avec plufieurs autres, dans une boëte, que j'achettai un jour, d'une perfonne qui étoit au fervice de mer de la Compagnie des Indes.

L'oifeau décrit ci-deffus avoit été apporté de la Jamaique, confervé dans de l'efprit de vin, par Mr. Browne, qui m'en a fait préfent, avec d'autres oifeaux de cette isle: il y eft connu fous le nom de Whip-Tom-Kelly, mots auxquels fon chant reffemble, à ce qu'on dit. En confultant l'Hiftoire de la Caroline j'y trouve Tom. I. p. 54. la figure & la defcription d'un oifeau qui me paroit être le même que celui ci. Il le nomme la Moucherolle aux yeux rouges; qui à ce qu'il dit, multiplie en Caroline, & fe retire vers le fud en hiver: de forte que fi c'eft un oifeau de paffage, ce pais eft probablemant fon fejour d'été, & la Jamaique fa retraite d'hiver. Je crois que cet oi-feau eft échappé aux recherches du Chevalier Hans Sloane; car je ne puis rien trouver dans fon Hiftoire de la Jamaique, qui y reffemble. M. Browne penfe que c'eft un oi-feau de paffage á la Jamaique, & il dit, qu'il n'a pas beaucoup de tons, mais qu'ils font forts & doux. Voyez ce qu'il en ranconte dans fon Hiftoire de la Jamaique. pag. 476.

G. Edwards ad viv. delin.   ad Coll. suae penicill.   Joh. Seb. Leitner sculp.
Cum Privilegio Augustali.

Muscicapa subfusco-viridis, sive   N. 43. VII. Theil.   La Mouchecolie Olive,
olivacei coloris.   Papilio Chinensis luteus.   et Le Papillon, Jaune.

Regulus cristatus, (Trochilus antiquorum. No. ... VII.ter Theil.
Regulus cristatus alter vertice rubini coloris.
Vespa Ichneumon Virginica.

Le Roitelet couronné d'or, et
le Roitelet couronné de rubis.

Le ROITELET COURONNÉ D'OR, & le ROITELET COURONNÉ DE RUBIS.

Ces oiseaux font repreſentés de leur grandeur naturelle. Le Roitelet couronné d'or étoit de la peſanteur de huit pois blancs ſecs : & l'autre peſoit onze des mêmes pois, ce qui peut donner une idée de la grandeur relative de l'un à l'autre, On les avoit déſechés tous deux pour les conferver.

L'oiſeau du haut de la planche eſt le Roitelet couronné de rubis : le bec eſt noir : la téte, le deſſus du cou, le dos & le croupion ſont d'un vert olive foncé, plus brun ſur la téte, & plus clair ſur le croupion : il y a ſur le ſommet de la téte une tache d'un rouge ſuperbe, ou couleur de rubi : tout le deſſous de l'oiſeau, depuis le bec juſqu'à la queuë eſt d'un jaune fort clair, ou couleur de créme un peu plus foncé ſur la gorge & l'eſtomach, que ſur le ventre : les plumes qui couvrent les ailes ſont olive, ayant les pointes d'un blanc de créme, ce qui forme deux barres, d'un côté à l'autre de chaque aile : les trois pennes joignant le dos, ſont noires, ou d'un brun fort obſcur, excepté les bords, qui ſont d'un blanc de créme : le reſte des pennes eſt noirâtre tout de méme, mais elle ont une étroite bordure d'un jaune verdâtre : le bas des pennes, ſur leſquelles tombent les plumes de couverture aux pointes blanches, eſt tout-à-fait noir : les plumes qui couvrent le deſſous des ailes ſont couleur de créme : le deſſous des pennes eſt couleur de cendre, avec d'etroites bordures claires à leurs barbes intérieures : la queuë eſt noirâtre : les plumes en ſont bordées de vert jaune : le deſſous de la queuë eſt couleur de cendre, les jambes, les pattes, & les ongles ſont noirâtres. Cette deſcription appartient au mâle. La femelle de la méme eſpéce avoit été apportée avec lui : elle n'en différe en rien, qu'en ce qu'elle n'a point de tache rouge ſur la téte : elle étoit du méme poids que le mâle.

L'oiſeau du bas de la planche eſt le Roitelet couronné, d'or : il ne différe de l'autre oiſeau, qu'à deux égards : il eſt plus petit, & la tache qu'il a ſur la téte eſt plus longue & d'un jaune d'orange, elle eſt entourrée de noir ; & il y a une barre blanche, qui ſépare la baſe du deſſus du bec, d'avec la ligne noire qui environne la tache jaune.

Ces oiſeaux m'ont été envoyés de Penſilvanie, par mon ami Mr. Guil. Bartram. Je juge par la groſſeur de l'oiſeau du haut de la planche, & par la tache rouge qu'il a ſur la téte, que c'eſt une eſpéce diſtinéte & différente du Roitelet couronné d'or : il n'avoit point encore été deſſiné, ni décrit. Pour ce qui eſt du Roitelet couronné d'or, il a été répreſenté & décrit par pluſieurs auteurs : j'ai decouvert qu'il habite en Amerique, depuis la Jamaique juſqu'à nos colonies ſeptentrionales du continent, & depuis Bengale dans les grandes Indes, juſqu'en Angleterre dans la partie du monde anciennement découverte.

La Mouche repreſentée dans cette planche eſt de Virginie : la téte eſt rouge ; le corps anterieur & le corps poſtérieur ſont tous deux d'un bleu foncé : les jambes ſont jaunes, auſſi bien que la partie qui fait la jonétion des deux corps : les ailes ſont tranſparentes & brunâtres, comme dans la plûpart des mouches.

La MOUCHEROLLE AU CROUPION JAUNE,
& la GENTIANE du DESERT

L'oifeau qu'on voit içi eft reprefenté de fa grandeur naturelle.

Il a un bec fort menu, dont la pointe fe recourbe un peu en bas, & qui eft d'une couleur rembrunie, mais un peu plus claire vers la bafe de la machoiré inférieure: le haut de la tête, & les côtés autour des yeux font d'une couleur de cendre, qui devient graduellement vert olive fur le derriére du cou, & fur le dos, qui eft parfemé de taches noires: la gorge, l'eftomach, & le croupion font d'un jaune vif, l'eftomach eft marqueté de taches noires, qui ont la figure des larmes: les cuiffes, le ventre, & les plumes qui couvrent le deffous de la queuë font blanches: les ailes font d'une couleur de cendre très foncé: les plumes du premier & du fecond rang des couvertures des ailes ont la pointe blanche, & forment deux barres obliques au travers de chaque aile: les pennes près du dos font auffi bordées de blanc: les plumes qui couvrent le deffous des ailes font blanches, les pennes font couleur de cendre en deffous, ayant leurs barbes intérieures ornés d'une etroite bordûre de blanc: les plumes de la queuë, excepté les deux du milieu qui font noires, ont le milieu de leurs barbes intérieures blanc, & font noirâtres tant au bas qu'à la pointe: les plumes qui couvrent le deffus de la queuë font noires: les jambes & les pattes font comme dans la plupart des autres petits oifeaux, & d'une couleur rembrunie.

J'ai reçu cet oifeau, confervé fec, de Mr. Guil. Bartram de Penfylvanie, avec un fimple deffein de la Gentiane du defert, que j'ai ajoutée, plutôt par voye d'ornement que comme faifant partie de cette Hiftoire Naturelle: cependant je vais donner ce qu'en dit M. Bartram: il l'appelle la Gentiane d'Automne Perpetuelle du Defert. Il dit que chaque racine pouffe trois ou quatre tiges, chacune environ d'un pied de haut, & que quelques tiges produiffent deux fleurs: les fleurs font d'un beau bleu: les tiges & les feuilles font vertes: let fleurs fe maintiennent longtems dans leur beauté, & les racines durent plufieurs années: cette Plante eft rare en Penfylvanie. Catefby a donné une différente efpéce de Gentiane d'Amerique, V. L'HIST. DE LA CAROLINE. tom. I. pag. 70.

L'Agneau de Scythie repréfenté dans un coin de la planche eft pris des Tranfactions Philofophiques N. 390. C'eft une efpéce de Mouffe, qui croit autour de la racine de la fougère, formant quelque fois la figure, d'un quadrupéde. Mad. Blackwell en a donné une figure différente. HERB. tom. II. pla. 360. Ceux qui voudront en fçavoir davantage pourront confulter les ouvrages qu'on vient de citer.

g. Edwards ad viv. delin.   J. M. Seligmann excudit.   Joh. ... fecit.
Cum Priv. Sac. Caes. Majestatis.

Muscicapa uropygio luteo   N.º 45 VIIter Theil. La Moucherolle au Croupion Jaune,
Gentiana autumnalis Deserti.   Agnus Scythicus.   et La Gentiane du Desert.

G. Edwards ad viv. delin.   J.M. Seligmann excudit.   Joh. Sebast. Leitner sculps.
Cum Priv. Sac. Caus. Majestatis.

avicula lutea vertice rubro.   No. 40. VIIIter Theil.   la Tête rouge au Corps Jaune.
...tivora cauda alba.   et le Colibri à Queuë blanche

La TÊTE ROUGE au CORPS JAUNE, & le COLIBRI à QUEUË BLANCHE.

Ces deux figures ont été tirées de grandeur naturelle, d'après les oiseaux mêmes preservés fecs.

La figure inférieure de la planche est la Tête rouge. Cet oiseau a le bec noir, délié, & fort pointu : le sommet de la tête est rouge: le dessus du corps, depuis la tête jufqu'à la queuë, est d'un vert olive: le dessous, depuis les yeux & le bec jufqu'à la queuë, est d'un jaune éclattant: l'estomach & le ventre font marquetés de rouge, le long de tiges de plumes: les ailes & la queuë font brunes: toutes les plumes en font bordées de jaune, excepté quelques unes des grandes pennes, qui font entiérement noirâtres: les couvertures du dessous des ailes font jaunes: les barbes intérieures des pennes font brunâtres, bordées de jaune: le dessous de la queuë est jaune: les jambes & les pattes font faites comme celles de la plufpart des autres petits oiseaux ; elles font d'une couleur de chair foncé.

Cet oiseau appartenoit à feu Mad. Sidney Kennon, Sage-femme de la Famille Royale: on ne fait pas d'ou il est venue; mais je crois avoir découvert fa patrie, par le moyen d'une femelle, qui est de la même efpéce, à n'en pouvoir douter, puifqu'elle est de la même groffeur, de la même forme, & des mêmes couleurs, mais un peu moins vives: elle m'a été envoyée de Penfylvanie par M. Bartram, qui m'en a écrit ce qui fuit: „Cet oiseau nous fait vifite au mois de Mars: il est fort folitaire, fe „tenant dans les bofquets: il fe nourrit d'infectes, qu'il trouve fur les buiffons les plus „bas & il fe perche rarement fur les grandes arbres: il ne niche pas en Penfylvanie, „mais il va plus loïn vers le nord.

La figure du haut de la planche repréfénte le Colibri à queuë blanche: il a le bec fort long, affez menu, & courbé en forme d'arc, noir vers la pointe, & plus clair vers la bafe: tout la tête, le derrière du cou, le dos, les plus petites couvertures des ailes, & l'estomach font d'un vert brunâtre, mais changeant, felon les diverfes reflections de lumière, en jaune de cuivre, ou en couleur d'or: les deux plumes du milieu de la queuë font de la même couleur, mais les huit autres, car il y en a dix en tout, font blanches, excepté que les deux extérieures de chaque côté font un peu nuancées de brun à la pointe: il a au bas du cou, vers le commencement de l'estomach une barre affez large, horizontale, d'un rouge clair, qui forme un demi colier: le ventre & les plumes qui couvrent le dessous de la queuë font d'un blanc obfcur, tirant fur le gris: les ailes font pourpre foncé, tant deffus que deffous: les jambes & les pattes font fort petites, & d'une couleur blanchâtre.

On dit que cet oiseau vient de Surinam: M. Jaq. Leman me l'a preté. M. Browne, M. D. dans fon Histoire Naturelle de la Jamaique, dit que le Colibri fe nourrit du nectar de fleurs, qu'il fuce en volant, paffant d'une fleur, ou d'un arbre à l'autre avec une viteffe inconcevable. Je crois qui ni l'un ni l'autre de ces oiseaux n'avoit encore été repréfenté ni décrit.

La MOUCHEROLLE à QUEUË JAUNE, & La MOUCHEROLLE TACHETÉE de JAUNE.

Ces oiſeaux ſont tirés tous deux de grandeur naturelle: je juge, par la forme du bec de l' un & de l'autre, qu'ils ſe nourriſſent d'inſectes.

La Moucherolle à queuë jaune eſt l'oiſeau repreſenté au haut de la planche. Il a le bec d'un brun clair, & applatti comme celui du canard, de ſorte qu'il paroit beaucoup plus large vu d'en haut que de côté: il y a vers les angles de l'ouverture du bec des poïls, qui ſe renverſent de chaque côté la pointe en avant: le ſommet de la téte, & les plumes qui couvrent le deſſus de la queuë ſont d'un gris cendré: le derrière du cou, & les couvertures des ailes ſont d' un vert olive; (quoique dans un autre ſujet de la méme eſpèce, apporté avec celui-ci, la téte & le croupion fuſſent à-peu-près de la couleur du dos:) les pennes ſont d'un brun obſcur, ou noirâtres, avec une nuance d'olive: le bas des pennes du milieu eſt jaune tant deſſus que deſſous: les couvertures du deſſous des ailes ſont d'un blanc jaunâtre: les plumes de la queuë ſont jaunes, avec leurs pointes d'un brun ſale, excepté les deux plumes du milieu, qui ſont brun foncé, d'un bout à l'autre: tout le deſſous de l'oiſeau depuis le bec juſqu'à la queuë eſt blanchâtre, avec une légere nuance de gris tirant ſur le rouge aux côtés de l'eſtomach: les côtés ſous les ailes ſont jaunâtres: les jambes & les pattes ſont d'un brun foncé.

La Moucherolle marquetée de jaune eſt repreſentée par la figure d'en bas. Le bec eſt d'un brun foncé, ou d'une couleur obſcure: le haut de la tête, le derrière du cou, le dos, les ailes, & la queuë ſont d'un olive foncé tirant ſur le vert: les grandes plumes des ailes & de la queuë ſont plus obſcures: les barbes intérieures des plumes des côtés de la queuë ſont blanches la moitié de leur longeur, vers la pointe: la ſeconde rangée des plumes, qui couvrent les ailes, ont la pointe blanche, ce qui forme une longue tache de cette couleur ſur le deſſus de chaque aïle: la gorge, l'eſtomach, les côtés, & les couvertures du deſſous des ailes ſont jaunes, avec de petites taches noires le long du milieu des plumes: le ventre & les cuiſſes ſont d'un jaune plus pâle ſans taches, il y a auſſi deux barres jaunes, qui s'etendent de côté & d'autre du bec, au deſſus de chaqu'oeil: les couvertures du deſſous de la queuë ſont blanches: les jambes & les pattes ſont d'un brun foncé.

Ces oiſeaux m'ont été envoyés par feu Mr. Stack, mon trés obligeant ami, avec ceux de la Tab. 42. ayant été pris en même temps, & au même endroit: la femelle de ce dernier décrit avoit été apporté avec lui: ſon eſtomac étoit d'un blanc ſale tirant ſur le jaune, marqueté de brun, & ſon dos n'étoit pas tout-à-fait auſſi luiſant: quant au reſte, ils ſont marqués l'un & l'autre à-peu-près de la même manière: je ne crois pas que ces oiſeaux ayent encore jamais été repréſentés ou décrits juſqu'à préſent.

Muscicapa cauda lutea.   N.º 47. VII.ter Theil. La Moucherolle à queuë jaune, e
Muscicapa lutea maculata.   La Moucherolle tachetée de jaune

G. Edwards ad viv. delin.   J. M. Seligmann excudit.   Joh. Sebast. Leitner sculps.
Cum Priv. Sac. Cæs. Majestatis.

Motacilla lutea.   N.º 48. VII.ter Theil.   La Bergeronnette jaune, et la
Insectum Indiæ Occidentalis, Folium ambulans dictum.   Feuille ambulante, etc.
Lapis ex Via Gigantum in Hibernia.

La BERGERONNETTE JAUNE, & la FEUILLE AMBULANTE &c.

L'Oifeau & l'infecte de cette planche ont été deffinés de grandeur naturelle : pour ce qui eft de la pierre, qui n'eft deftinée qu'à fervir d'ornement, elle eft repréfentée beaucoup plus petite qu'elle ne l'eft réellement, étant en general large de deux pieds plus ou moins.

On fuppofe que cet oifeau eft le mâle, puifque les fémelles de cette efpece n'ont point de taches noires fur la gorge : il a le bec droit, aigu à la pointe, & noir, excepté la bafe de la machoire inférieure, qui tire fur la couleur de chair : les yeux font noiffette : le deffus, depuis la téte jufqu'à la queuë eft d'un vert olive foncé, excepté que les pointes des plumes qui couvrent la queuë font plus jaunes : il part de la bafe du bec une ligne jaune, qui paffe au deffus des yeux, & il part du coin de l'ouverture une ligne rembrunie qui traverfe les yeux : le deffous de l'oifeau, depuis le bec jufqu'à la queuë eft jaune, excepté quelques taches noires fur la gorge, comme elles font exprimées dans la figure, & quelques petites barres brunes tranfverfales audeffus des genoux : les ailes & la queuë font noires, ou d'un brun très obfcur : les plumes en font bordées de blanc jaunâtre, excepté quelques unes des pennes extérieures qui font tout-à-fait noires, & les deux plumes extérieures de chaque côté de la queuë, qui font blanches, en ce qui en eft vû au de là des plumes qui leur fervent de couverture : la troifieme penne, en comptant depuis le dos, s'etend auffi loin que la plus longue penne, quand l'aile eft déployé, ce qui eft un des principaux attributs diftinctifs de cette efpéce d'oifeaux : les jambes & les pattes font rembrunies : l'ergot du pouce pofterieur eft affez long, approchant de ceux des alouettes. Willughby dit que cet oifeau fait fon nid à terre, dans les grains, qu'il le bâtit des feuilles & de tiges d'herbe féche, & qu'il le double de crin : il y depofe à chaque couvée quatre ou cinq oeufs marquetés de taches, & de lignes brunes tirées fans aucune fimetrie.

Cet oifeau n'a pas encore été, que je fache, réprefenté jufqu'à préfent, quoiqu'il foit commun en Angleterre, & dans toute l'Europe. La defcription que Willughby a donné de la Bergeronnette jaune ne roûlle que fur la fémelle. Albin, dans fon Hiftoire des Oifeaux, Tom. II. pag. 54. a donné la defcription de la Bergeronnette grife, avec figures; mais il lui donne l'epithete de jaune.

On dit que l'infecte appellé la Feuille ambulante vient de chez les Efpagnols aux Indes Occidentales : il a le corps fort plat, de la couleur rougeâtre de quelques feuilles féches, les ailes étant un peu plus jaunes; il y en a qui tirent fur le vert. Je fuis porté à croire, qu'ils changent de couleur, c'eft à dire de vert en brun rougeâtre, à mefure que les feuilles des arbres en changent felon les faifons de l'anné pour mieux tromper les oifeux qui les dévorent. Les pattes de derrière de celui-ci font parfaites, mais je crois que le bas des quatre autres a été caffé; & je n'ai pas jugé à propos d'y fuppléer d'imagination : ceci a été deffiné d'après les infectes mêmes préfervés dans le Cabinet Britannique à Londres.

Comme j'ai ajouté une Pierre de la chauffée des Geans en Irlande, on peut s'attendre que j'en dife quelque chofe: en deux mots, c'eft un affemblage de colonnes foffiles de figure angulaire jointes enfemble: chaque colonne peut fe divifer en petites pierres feparées à une courte diftance: chaque petite pierre eft concave d'un côté, & convexe de l'autre, ce qui fait qu'elles s'ajuftent bien enfemble: les colonnes différent par le nombre de leurs côtés angulaires, y en ayant depuis quatre, jufqu'a huit angles: ce foffile étonnant couvre une grande etenduë de terrein dans la province d'Antrim, du côté du Nord d'Irlande: il y en a deux vuës fort belles, qui ont été imprimées & publiées en 1744. par S. Drury. Ceux qui en voudront fçavoir davantage touchant ce foffile, pourront confulter les Tranfaêtions Philofophiques N. 212. 235. & 241. M. Hill. M. D. en a auffi recueilli l'hiftoire dans fon livre des Foffiles: & il eft probable qu'on en trouvera un detail complet dans l'Hiftoire des Foffiles de M. Da Cofta, que le monde fçavant eft dans une grande impatience de voir achevée.

TAB. XLIX.

La BERGERONNETTE GRISE & le LEZARD D'EAU.

L'Empreinte reprefénte cet oifeau de fa grandeur naturelle: nous n'avons en Angleterre que trois differents oifeaux de cette efpéce qui font la Bergeronnette blanche; la jaune, & la grife: elles ne différent pas en groffeur d'une manière fenfible à l'oeil. Voy. WILLUGHBY, HIST. DES OIS. p. 237. 238.

Le bec eft menu, droit, & noirátre, & il finit en pointe : le fommet & les côtés de la téte, le deffus du cou & le dos font couverts de plumes d'un gris cendré, bordé d'une legére nuance de jaune verdâtre: il y a une barre couleur de cendre clair, qui paffe au deffus des yeux: la gorge eft noire d'un pouce de long, depuis le bec vers le bas, comme la figure le fait voir: il y a, entre cette tache noire & les yeux, une barre blanche, qui s'etend de chaque côté fur les jouës: tout le deffous de l'oifeau eft d'un jaune éclatant, excepté quelques plumes blanches aux côtés de l'eftomach, qui fe renverfent fur une partie des ailes, quand elles font fermées: les ailes font rembrunies, ou noirâtres; les trois plus courtes pennes joignant le dos font bordées de jaune: les plus grandes pennes font blanches au bas; & ce blanc n'etant pas tout-à-fait caché par les plumes de couverture, il en paroit affez pour former une petite barre blanche, qui traverfe l'aile: les deux plumes éxtérieures de chaque côté de la queuë font blanches, toutes les autres font noires: toutes les Bergeronnettes ont la queuë fort longue, mais celle de cette efpéce l'ont encore plus longue que toutes les autres: elles ont toutes la queuë compofée de douze plumes: & la troifième penne depuis le dos atteint jufqu'au bout de l'aile, quand elle eft fermée: les plumes qui couvrent tant le deffus que le deffous de la queuë, font jaunes: les jambes, les pattes, & les ergots font noirâtres. Willughby dit, que cet oifeau fréquente les rivieres piereufes & qu'il fe nourrit d'infeêtes aquatils: il n'a décrit que la fémelle.

C'eft

g. Edwards ad viv. delin.

J. M. Seligmann excudit.
Cum Priv. Suæ. Cæs. Majestatis.
N.º 49. VII.ter Theil.

Joh. Sebast. Leitner sculps.

Motacilla cinerea.
Lacerta aquatica.

La Bergeronnette grise,
et Le Lézard d'eau.

J. M. Seligmann pinxit.
Cum Priv. Sac. Cæs. Majestatis.
Parus Surinamensis vertice nigro.
Parus Surinamensis vertice albo.
Le Manaquin chaperonné de noir
et Le Manaquin chaperonné de blanc

C'eſt ici le mâle, qui juſq'à préſent n'avoit point encore été répréſenté ni décrit: une perſonne ayant tué celui-ci dans les environs de Londres m'en fit préſent pour le deſſiner: la fémelle diffère du mâle en ce qu'elle n'a point de noir ſur la gorge, & que ſes autres couleurs ſont moins brillantes. Albin a donné tom. II. p. 54. deux figures de cet oiſeau, qu'il appelle, par mépriſe, le mâle & la fémelle de la Bergeronnette jaune, car je les prends pour deux fémelles de la Bergeronnette griſe, n'ayant point de noir ſur la gorge ni l'une ni l'autre. Quoiqu'il appelle iaûne, ſa deſcription ne contient que ce qu'il a copié de Willughby touchant la Bergeronnette griſe.

Le LEZARD D'EAU, qu'on voit au bas de la planche, & que j'ai ajouté par voye d'ornement, a été tiré d'après nature, & de grandeur naturelle. Je crois qu'on le trouve en Angleterre, l'ayant achetté, dans de l'eſprit de vin, à la vente des curioſités de feu Mad. Kennon: le deſſus du corps eſt brun, le deſſous eſt plutót d'un jaune de cuivre: il eſt marqueté de taches obſcures ſur tout le corps & ſur tous les membres: les pattes de devant ont chacune quatre orteils, & celles de derrière en ont cinq; ce qui eſt tout le contraire du crocodille, qui eſt auſſi un lezard d'eau, lequel a cinq orteils à chaque patte de devant, & quatre ſeulement à celles de derrière: il n'a qu'une ſeule nageoire, qui s'étend depuis la téte, tout le long du dos juſqu'au bout de la queuë; & une autre ſur le ventre, depuis l'anus juſqu'au bout de la queuë.

TAB. L.

Le MANAQUIN CHAPERONNÉ de NOIR, & le MANAQUIN CHAPERONNÉ de BLANC.

Ces deux oiſeaux ſont repréſentés de leur grandeur naturelle.

La figure du haut de la planche repréſente le Manaquin chaperonné de noir. Le bec eſt noir: tout le deſſous de l'oiſeau, depuis la baſe du deſſous du bec juſqu'à la queuë eſt blanc: il a auſſi un colier blanc autour du bas du cou: les plus pettes plumes de couverture, tant du deſſus que du deſſous des ailes, ſont blanches: le ſommet & le derrière de la téte eſt noir: le dos eſt de la méme couleur, auſſi bien que la queuë & les ailes: le deſſous des pennes, de méme que le deſſous de la queuë eſt d'une couleur de cendre foncé: le croupion d'un autre oiſeau de cette eſpèce, qui a été apporté avec celui ci, inclinoit vers la couleur de cendre: les jambes & les pattes ſont faites comme celles des martin pécheurs, & ſont d'un jaune orange.

Le MANAQUIN chaperonné de blanc eſt repreſenté par la figure inférieure. Le bec eſt brun foncé: il y a autour de la baſe de ſa machoire ſupérieure une barre étroite de plumes noires: le ſommet de la téte eſt blanc juſqu'aux yeux: tout le reſte eſt noir: les jambes & les pattes ſont noires & faites comme celle des autres Manaquins.

 Mon

Mon Ami Mr, Millan, Libraire, m'a fait le plaifir de me preter ces oifeaux, pour les deſſiner: ils étoient prefervés fecs dans leurs plumes, & en très bon état: on les croit de Surinam. Je ne ſçache pas que jufqu'à préfent on ait publié aucune figure ou defcription de ces oifeaux. J'en ai vû d'autres de cette même efpèce, dans le cabinet de My Lord Carpenter.

SMILAX LENIS MINOR. V. Gerads Herbal. Cette plante n'eft ajoutée aux oifeaux que pour leur fervir d'ornement: elle croit en abondance aux environs de Londres, dans les hayes & fur la crète des foſſés qui entourent les champs: fa fleur confifte dans une feule feuille, quoique divifée en cinq parties par une efpéce d'etoile: elle eft d'ordinaire purpurine ou rougeâtre, mais quelque fois fi pâle qu'elle eft prefque blanche: fes étamines font jaunes. Je me fuis attaché avec beaucoup de foin à exprimer cette plante exaɛtement, felon la manière dont elle croit & l'inclination particulière de fa tige, à s'entortiller autour de ce qu'elle rencontre; comment fes fleurs font torduës avant que de s'ouvrir, & enfin la forme d'un vafe à femence, auſſitôt que la fleur eft tombée.

CATALOGUE

des Oiseaux figuréz & décrits dans cette
Septiéme Partie.

Ze-

www.ingramcontent.com/pod-product-compliance
Lightning Source LLC
LaVergne TN
LVHW020653200726
843508LV00002B/758